Peter F
Drucker

피터 드러커
노트

Peter .F
Drucker

피터 드러커
노트

한근태 지음

21세기북스

내 인생의 롤모델,
그 이름 '피터 드러커'

미국에서 공부를 끝내고 자동차 회사에 취직해 중앙시험실이란 곳에서 근무를 했다. 자동차 부품의 스펙을 정하고 스펙대로 물건이 만들어졌는지를 검사하는 곳이다. 나름 학구적인 곳이다. 그런데 어느 날 사장님이 날 부르더니 도장공장으로 가라는 것이다. 불량률이 높은데 이를 획기적으로 줄이라는 것이 내게 떨어진 미션이었다. 가보니 정말 엉망진창 그 자체였다. 도료, 설비, 사람 등 모든 것을 의심할 수밖에 없었다. 전처리, 전착, 하도, 중도, 상도 등 공정도 길고 복잡했다. 다들 자신은 열심히 하는데 앞 공정이 문제라는 식으로 핑계를 댔다. 답답했던 나는 구체적으로 무엇이 얼마나 문제냐고 물어봤다. 명쾌하게 답하는 사람이 거의 없었다. 대부분 정성적으로, 주먹구구식으로 답했다.

무엇이 문제인지, 어디부터 어떻게 손을 써야 할지 판단이 서지 않았다. 그때 피터 드러커가 쓴 책을 보다 '측정할수 있으면 개선할 수 있다'란 구절이 눈에 들어왔다. 머릿속이 환해지는 느낌이었다. 그 즉시 공정별로 체크시트를 만들어 나눠주고 앞 공정 품질에 대해 정량적으로 측정할 것을 지시했다. 정성적 불만을 쏟아내는 것을 중지하고 구체적으로 어떤 부품의 품질이 얼마나 나쁜지, 그 문제의 원인이 무엇인지, 누구로부터 비롯되는지를 논의하게 했다. 그러면서 도저히 해결 기미가 보이지 않던 만성불량문제를 해결할 수 있었다.

드러커 교수는 경영학의 아버지, 경영을 발명한 사람이란 칭송을 듣는다. 그만큼 수많은 경영자들에게 긍정적 영향을 끼쳤기 때문이다. 나 역시 드러커 책을 읽으면서 많은 영향을 받았다. 어떤 이슈를 볼 때 자연스럽게 드러커의 어록이 떠오른다. NGO 활동을 하는 사람을 보면 '기업은 NGO처럼, NGO는 기업처럼'이란 말을 해주고 싶다.

상사 때문에 고민하는 사람에게는 "상사를 연구하라. 들으면서 깨닫는 상사, 말하면서 깨닫는 상사, 읽으면서 깨닫는 상사가 있는 법이다"란 말을 해주고 싶다. 시간관리 하면 "뭉텅이 시간을 확보하라. 잘게 쪼개진 시간을 갖고는 생산적인 일을 할 수 없다"는 말이 연상된다. 의사결정 하면 "의사결정이 제대로 됐는지를 어떻게 평가할 것인지 측정 방법을 생각하고 일정 시간이 지났을 때 반드시 리뷰를 해보라"는 말이 생각난다.

그는 지식노동자로서 살아가는 방법 면에서 모범을 보였다. 2년마다 새로운 분야에 도전하면서 계속 변화했다. GM의 컨설턴트, 마셜 플랜의 조언자로서 다양한 프로젝트를 수행하고 그 결과물을 책으로 쓰면서 계속 성장했다. 하버드 같은 명문에서 오라는 초청을 거부하고 작은 학교에서 머물렀다. 자신이 어떤 존재인지를 잘 알기에 할 수 있는 행동이다.

드러커 교수는 내 인생의 롤모델이다. 난 그분처럼 살고 싶다. 계속 새로운 분야에 도전하고 거기서 나온 결과물로서 글을 쓰고 강연을 하고 세상에 긍정적 영향을 끼치는 삶을 살고 싶다. 이 책을 쓴 이유는 두 가지다. 하나는 드러커 관련 이슈를 정리해보고 싶었다. 도대체 이분이 얼마나 내게 영향을 끼쳤는지 하나하나 따져보고 싶었다. 또 다른 하나는 일반인들에게 이분을 소개하고 싶었다. 그래서 가능한 글도 짧고 쉽게 쓰려고 노력했다.

이 책을 쓰면서 돌아가신 대구대 이재규 총장님이 생각났다. 그분은 평생을 드러커 연구에 바쳤다. 시중에 나와 있는 드러커 서적의 대부분을 그분이 번역했다. 말년에 내게 드러커 책을 같이 번역하자는 제안을 하기도 했다. 어느 정도 번역을 한 시점에서 그분의 부고를 봤다. 마지막까지 아픈 것도 숨긴 채 드러커 관련 책을 몇 권 냈다는 말을 들었다. 가슴이 뭉클했다. 드러커 교수도 위대했고 그분을 연구하는 데 생을 바친 이재규 총장님도 위대했다. 한 사람의 향기가 세상을 이렇게 향기롭게 할 수 있다는 사실이 놀라웠다. 이 책을 드러커 교수, 이재규 총장님, 드러커 교수를 추앙하는 모든 이들에게 바치고 싶다.

2014년 5월 한근태

01

가치창조의 틀
'혁신Innovation'

혁신은 새로운 만족을 창조하는 것. 발명이 아닌 새로운 발견이다.
새로운 고객, 새로운 용도, 새로운 유통채널,
고객의 숨겨진 니즈, 이 모든 발견이 다 혁신이다.
또한 혁신은 기존의 인적 자원과 물적 자원에 새롭고 큰 가치창출
역량을 부가하는 과업이다.
사회적 니즈를 수익성 있는 사업으로 전환하는 것,
그것 또한 혁신이다.

혁신은 새로운 만족을
창조하는 것. 발명이 아닌
새로운 발견이다. 고객,
용도, 유통채널, 고객의 니즈
이 모든 발견이 다
혁신이다.

기술이 **힘이다**

인쇄술은 인류에게 어떤 영향을 주었을까? 1450~55년 사이 구텐베르크는 인쇄 신문과 활판 인쇄술을 발명했다. 그전에는 숙련된 수도사들이 하루 종일 손으로 책을 복사했다. 하루 4쪽, 일주일에 25쪽가량을 복사했다. 연간 1,200~1,300쪽씩 손으로 복사했다. 그래서 가격이 아주 비쌌다. 1500년경 인쇄술의 등장으로 수도사들은 그 일에서 해고되었다. 대략 1만 명이 넘었다. 그 결과 책 가격은 폭락했다. 그전까지 책은 너무 사치스런 물건이라 오직 부유하고 교육받은 사람들만 살 수 있었다. 그 때문에 종교혁명이 일어났다.

사실 종교혁명은 루터가 처음 주창한 것은 아니다. 그전에도 영국의 존 위클리프, 보헤미아의 존 후스 등이 종교개혁을 주장했고 민중의 지지를 받았다. 하지만 구전되는 것 이상으로 확산하기는 어려웠다. 하지만 1517년 10월 31일, 루터가 독일의 조그만 시골 교회 정문에 95개 조항을 내걸었을 때는 전과 달랐다. 루터는 오직 교회 내에서 전통적인 신학토론을 할 심산이었다. 그러나 루터의 동의 없이 95개 조항은 즉각 인쇄되어 독일 전역에 무료로 배포되었고 전 유럽으로 퍼져나갔으며 이것이 종교개혁으로 이어졌다. 하지만 인쇄업자들은 별로 성공하지 못했다. 기술이 아니고 정보가 중요했던 것이다. 앞으로의 정보혁명은 회계사와 출판사가 주도하게 될 것이다.

눈에 보이는 경쟁자는 무섭지 않다. 오히려 눈에 보이지 않는 경쟁자가 무섭다. 기술이 무서운 게 아니라 기술이 가져오는 변화가 무섭다. 우리 주변에 수많은 기술이 등장하고 있고 이것이 세상을 바꾸고 있다. 스마트폰이 대표적이다. 이것이 미래에 어떤 변화를 줄지 정확하게 예상하기는 쉽지 않다. 사실 궁금하다. 최후의 승리자는 누가 될까? 예전 인쇄기술의 최종 승자는 인쇄업자가 아닌 출판업자였다. 그들이 콘텐츠를 가졌기 때문이다. 미래에도 하드웨어보다는 콘텐츠를 가진 사람이 승리할 가능성이 높다. 여러분 생각은 어떤가?

　제조업에서 가장 중요한 것은 연구개발, 'Research and development'다. 'research'는 말 그대로 다시 찾는 행위 re-search를 말한다. 완전하게 새로운 것을 발견하는 것 못지않게 중요한 점은, 그동안 사용하던 것을 다시 보는 것에서 실마리를 찾는 것이다. 씨름에서 가장 중요한 기술은 들배지기다. 들배지기가 되지 않으면 다른 기술을 걸 수 없다. 들배지기는 힘을 상징하기 때문이다. 기업의 힘은 연구개발에서 나온다. 개인도 그렇다. 계속해서 자신의 기술을 갈고 닦는 개인과 조직만이 지속가능한 발전을 할 수 있다.

　역사는 기술발전에 따라 변화했다. 칭기즈칸이 세계를 지배한 것도 그 안을 들여다보면 기술이 핵심이다. 동양이 서양에 무릎을 꿇은 것도 실은 군사력 때문이고 그 이면에는 기술력 차이가 있다. 핵을 가진 국가가 더 이상 다른 나라에서 핵을 못 만들게 하는 것도 결국 기술을 가진 자들의 힘의 논리가 작용한 것이다. 기술은 힘이다. 기술개발에서 밀리면 그 자체로 실패이고 후진국으로 전락할 수밖에 없다.

세상을 바꾸는 기술

기술이 세상을 바꾼다. 큰 강 주변에서 문명이 시작됐고 거기서 국가가 출발했다. 출발점은 관개기술이다. 농사를 짓기 위해서는 안정적인 물 공급이 필요했고 물 공급을 위한 핵심기술이 관개기술이다. 또 이를 관리하기 위한 조직이 필요했는데 그것이 발전해 국가로 이어졌다. 관개기술은 인류 최초의 기술혁명이다. 프랑스를 하나의 국가로 만든 것은 철도다. 그전까지 프랑스는 각 지역이 고립되어 있었다. 독립성을 띤 느슨한 형태의 지역 집합체였다. 하지만 철도 때문에 정치적으로는 통일되기 시작했다. 철도 때문에 심리적 지도가 바뀐 것이다.

종교혁명을 일으킨 배후에는 인쇄술 발명이 있었고 산업 혁명 뒤에는 증기기관의 발명이 있었다. 이처럼 기술은 단순한 기술을 넘어선다. 예상할 수 없는 파문을 일으킨다. 또 본래 의도와는 전혀 다른 곳에 쓰이기도 한다. DDT는 본래 2차 세계대전 중 열대 지방에 근무하는 병사들을 곤충과 해충으로부터 보호하기 위한 목적으로 개발되었다. 개발한 누구도 이것이 해충으로부터 삼림, 농작물, 가축을 지키기 위한 용도로 사용될 것을 예측하지 못했다. 하지만 인간에게 해로운 해충을 죽일 수 있다면 식물에 해로운 해충 또한 죽일 수 있을 걸로 생각하고 농업과 임업에 사용하기 시작했다. 전혀 다른 용도로 쓴 것이다. 이처럼 기술에는 전략이 필요하다. 이를 위해서는 다음 질문을 던져야 한다.

첫째, 새로운 산업이나 프로세스가 필요한 분야는 어디인가?

둘째, 새로운 기술 중 어느 것이 기존 시장의 필요성과 잘 맞고 경제적으로 큰 영향력을 발휘할 것인가?

셋째, 새로운 지식 중 아직 경제적 영향력을 발휘하지 못하는 것은 무엇인가?

넷째, 새로운 기술을 의미 있는 것으로 만들 수 있는 새로운 견해나 개념이 있는가?

기술보다 중요한 것은 기술의 영향이다. 기술의 파급효과다. 근데 그게 그렇게 간단치 않다. 기술은 처음 의도대로 사용되지 않기 때문이다. 지퍼는 부두에서 무거운 짐, 예컨대 곡물 꾸러미 같은 것을 단단히 묶기 위해 발명되었다. 아무도 지퍼를 옷에 사용하리라곤 생각하지 않았다. 마취제도 그렇다. 처음 마취제는 코카인이었다. 근데 중독성이 밝혀지면서 사용이 중지됐다. 다음은 노보카인novocaine이다. 1905년 독일사람 알프레드 아인호른이 발명했다. 그는 모든 의사들에게 사용을 권장했으나 실패했다. 하지만 치과의사들이 사용하기 시작한 것이다.

기술이 반드시 세상을 유익하게 하는 것은 아니다. 그게 기술의 역설이다. 하이테크 트롤선은 바다 밑바닥을 훑어 고기의 씨를 말린다. FAO조차 세계 어업의 90퍼센트가 붕괴의 나락에 처해 있음을 인정하고 있다. 우리를 빈곤으로부터 지켜주리라 생각했던 테크놀로지에 의해 가난하지 않았던 소규모 어민들이 더 가난해진 것이다. 자동차도 그렇다. 빠른 이동을 위해 나온 자동차가 너무 많아지면서

차의 속도는 빨라졌지만 교통체증으로 이동 속도는 떨어졌다. 시내에서는 오히려 시간이 더 걸린다. 여러분은 기술에 대해 어떻게 생각하는가?

변화를 준비하라

제임스 와트가 개발한 증기기관은 '석탄 갱도에서 물을 퍼내는' 용도였다. 그는 죽을 때까지 그 용도 외에는 알지 못했다. 산업혁명의 진정한 아버지는 와트의 동업자 매튜 볼턴이었다. 볼턴은 개량엔진이 면방적과 면방직에 사용될 수 있다고 생각했다. 볼턴이 증기기관을 면방공장에 판매한 지 10년 만에 면방 가격이 70퍼센트나 하락했고 그러면서 산업혁명이 일어났다. 신기술 때문에 수많은 노동자가 해고되었고 이 때문에 기계를 파괴하자는 러다이트 운동이 일어났지만 도도한 시대 흐름을 거스를 수는 없었다.

이처럼 변화는 관리할 수 없다. 오직 변화를 앞서 갈 수 있을 뿐이다. 변화는 피할 수 없다. 변화는 죽음, 세금과 같은 것이다. 변화를 위해서는 새로 무언가를 하는 것보다 필요 없는 것을 폐기해야 한다. 그런 만큼 오래된 제품, 서비스, 시장, 프로세스에 대해 조심해야 한다. 시체에서 냄새가 풍기지 않도록 노력을 기울이는 일만큼 어렵고 많은 돈이 드는 일은 없다. 변화를 주도하기 위해서는 문제보다는 문제가 주는 기회에 초점을 맞추어야 한다.

하지만 사람이나 조직은 쉽게 변하려 하지 않는다. 변화는 궁할 때 일어난다. 뭔가 예전 방식과 상품이 통하지 않을 때가 바로 변화할 때다. 변화를 주면 통한다. 새롭게 변화하면 오래간다. 주역에서 얘기하는 '궁즉변 변즉통 통즉구窮卽變 變卽通 通卽久'가 바로 그런 말이다. 궁하면 변해야 하고, 변하면 통하고, 통한 것은 오래간다는 말이다.

변화에 잘 대응하기 위해서는 미래에 대한 철저한 준비가 필요하다. 사람들은 미래를 두려워하지만 이에 대한 대비는 하지 않는다. 변화를 위한 최선의 준비는 오늘의 일을 가장 훌륭하게 하는 것이다. 열심히 준비하는 자에게 두려움은 오지 않는다. 걱정만 하고 아무것도 하지 않는 사람은 늘 두려움에 쫓기고 변화를 거부하게 된다. 미래는 늘 여러 징조를 보이면서 다가온다. 변화를 잘하려면 이런 징조를 사전에 잘 읽고 대처해야 한다. 중국 사람들은 이를 초윤장산礎潤張傘이라고 한다. 즉, 주춧돌이 젖으면 우산을 펴라는 얘기다. 세계적인 스포츠 마케팅 회사 IMG 그룹의 마크 매코믹은 변화하기 위해서는 준비증 환자가 되라면서 다음과 같이 이야기한다.

"준비한 만큼 성과가 나온다. 준비는 언제나 음지에서 이루어진다. 준비를 철저히 한다고 그 공로를 인정받는 것은 아니다. 오히려 철저히 준비하는 사람은 소심하다는 놀림과 핀잔을 받기 일쑤다. 어떤 사람은 준비하지 않는 것을 일부러 과시하기도 한다. 패배에 대비한 핑계거리를 만드는 것이다. 어떤 사람들은 다른 사람들이 보는 앞에서 일부러 열심히 준비하는 모습을 보이기도 한다. 하지만 가장 지혜로운 사람들은 넘버원이 되기 위해 남몰래 구슬땀을 쏟으며 준비를 하는 사람이다. 그들은 자신들의 땀방울이 세상에 알려지는 것을 원치 않는다."

데일 카네기는 다음과 같이 이야기한다.

"우리가 원하든 그렇지 않든 세상은 끊임없이 변한다. 우리가 할 일은 변화할 미래를 예상하면서 준비하고 대처

하는 것이다. 변화가 두려우면 자신이 해야 할 일에 생각을 집중해야 한다. 만반의 준비를 갖춘다면 두려워하지 않게 될 것이다."

요즘 여러분은 어떤가? 잘나가고 있는가? 뭔가 변화가 필요한가? 위기의 요소는 무엇인가? 혹시 시대 흐름을 외면하고 두려움에 떨고 있지는 않은가?

그런데 그 모든 징후가 주는 문제에 기회가 있지 않을까? 뭔가 제대로 되지 않는다면 지금이야말로 바로 변화할 때다. 그래야 오래간다.

혁신,
새로운 만족의 창출

혁신은 기존의 것을 향상시키는 것을 넘어서 새로운 만족을 제공할 수 있는 제품이나 서비스를 창조하는 것이다. 새로운 고객의 발견, 새로운 용도의 발견, 새로운 유통채널의 발견, 고객의 숨겨진 니즈 발견도 다 혁신이다. 기업은 고객을 위해 존재한다. 가장 중요한 결과는 고객 만족, 즉 이해당사자의 니즈를 파악하고 거기에 맞는 상품이나 서비스를 제공할 수 있어야 한다.

혁신은 발명이 아니다. 혁신은 경제적 용어다. 기술적 용어가 아니다. 혁신은 기존의 인적 자원과 물적 자원에 새롭고 큰 가치창출 역량을 부가하는 과업이다. 사회적 니즈를 수익성 있는 사업으로 전환하는 것도 혁신이다.

19세기 초만 해도 미국 농부들은 구매력이 없어 농기계를 살 수 없었다. 그들은 추수 때나 되어야 목돈을 만질 수 있었기 때문이다. 분명 시장은 있는데 구매력이 부족했다. 이를 어떻게 해결해야 할까? 대표적 농기계 회사 맥코믹은 이를 없애기 위해 할부구매installment buying 방법을 고안했다. 우선 농기계를 농부들에게 주고 추수해서 현금이 생기면 갚는 방식이다. 미래에 얻을 소득을 담보로 미리 농기계를 사는 것이다. 만약 예전 방식을 고집했다면 농기계 시장이란 존재하지 않았을 것이다.

지금은 흔하게 보는 컨테이너 역시 혁신의 결과물이다. 화물선은 짐을 실어 나른다. 그런데 짐을 싣고 내리는 데 가장 많은 시간이 소요되었다. 이들은 어떻게 하면 이 시간을 단축할 수 있을까 고민했다. 그 결과 나온 것이 컨테이너다. 이들은 화물선을 단순한 배 대신 물건을 운반하는 도구로 보았다. 항구에서의 체류시간을 단축하는 데 에너지를 집중했다. 컨테이너의 등장으로 생산성이 네 배나 올라갔다.

대중교육을 가능하게 한 것은 무엇일까? 바로 교과서의

등장이다. 이 때문에 교육의 가치를 높이고, 사범학교에서 교사들을 체계적으로 훈련할 수 있었다. 교육학 이론보다 교과서 발명의 영향이 더 컸다. 교과서가 없다면 훌륭한 교사도 한꺼번에 수십 명의 학생을 가르치기는 쉽지 않다.

혁신은 자원의 생산성을 높이는 활동이다. 똑같은 자원 투입으로 더 많은 양을 산출할 수 있게 하는 것이 혁신이다. 혁신은 고객들이 느끼는 가치와 만족에 변화를 일으키는 활동이다. 혁신을 위해서는 고객으로서 문제점을 볼 수 있어야 한다. 그래야 해결책을 만들 수 있다.

IMF 사태 때 "사람은 부지런한데 돈이 게을러서 외환위기가 났다"는 분석을 흥미롭게 들은 기억이 난다. 엉뚱한 곳에 돈을 쓰느라 정작 써야 할 곳에 돈이 가지 않은 결과 외환위기가 일어났다는 것이다.

지금도 그런 일은 천지사방에서 일어나고 있다. 일반 기업에서 그런 낭비는 일어나기 쉽지 않다. 파산이란 제도가 있기 때문이다. 그런 자원 낭비는 공공기관에서 많이 일어난다. 파산이 없기 때문이다. 여러분 조직은 어떤가? 시간, 돈, 에너지를 제대로 쓰고 있는가? 정작 써야 할 곳은 외면하고 안 써도 좋을 곳에 쓰고 있는 것은 아닌가?

폐기가 혁신이다

잭 웰치가 GE 회장이 된 후 내린 결정 중 하나는 "1등, 2등을 제외한 모든 사업은 정리한다"였다. 한마디로 사업성이 없거나 비전이 없는 사업은 판다는 것이다. 그 때문에 GE의 모태가 되었던 가전사업 등도 그 대상이 되었다. 그 결정을 내린 배후 인물이 바로 드러커다. 웰치는 이 결정을 내리기 전 드러커에게 '과연 경쟁력이 없는 오래된 사업을 계속해야 할지에 대해' 자문했다. 그는 이렇게 질문했다. "만약 당신이 새로 사업을 시작한다면 그 사업을 어떻게 하겠소?"

이 질문을 받자 모든 것이 명확해졌다. 혁신에서 가장

중요한 것은 바로 폐기다. 없애는 것이다. 전략에서도 가장 중요한 것은 무엇을 할지 결정하는 것이 아니라 하지 말아야 할 것을 결정하는 것이다. 이를 위해 3개월마다 함께 모여 회사의 제품, 서비스, 프로세스 그리고 정책에 대해 자세히 검토하고 질문해야 한다. 이때 두 가지 질문을 던져야 한다. 첫째, 새로 이분야에 진출한다면 지금 방식으로 할 것인가? 둘째, 만약 그렇지 않다면 무엇을 어떤 방식으로 할 것인가? 즉, 주기적으로 반성과 수정이 필요한 것이다.

주기적으로 폐기물을 제거할 수 있어야 한다. 사람의 몸은 그것을 자동으로 수행한다. 하지만 기업이라는 몸은 엄청나게 저항한다. 폐기abandonment는 쉽지 않지만, 그것이 가져다줄 효과는 크다. 폐기는 구성원의 의식구조와 조직에 큰 영향을 미친다. 때로는 그 과정에서 신제품이 나오기도 한다. 건강을 위해서는 주기적인 단식이 필요하다. 일체의 음식물을 끊고 모든 것을 깨끗이 비워야 한다. 무언가 하는 것보다 중요한 것은 기존의 것을 하지 않는 것이다. 그게 혁신이다.

바쁜 개인과 조직은 혁신하기 어렵다. 여유가 없기 때문이다. 하루하루 쳐내야 할 일에 치여 다른 것은 생각하기 어렵다. 일이 일을 낳고 또 다른 일에 치이면서 바쁘지만 생산성 떨어지는 생활을 할 수밖에 없다. 혁신은 비우는 것이다. 하지 않아도 될 일, 다른 사람이 더 잘하는 일, 특별히 재능이 없는 일은 없애거나 다른 사람에게 주어야 한다. 빈 공간을 만들어야 한다. 빈 시간을 확보해야 한다. 빈 시간, 공空, 허虛는 낭비가 아니다. 빈 시간이 있어야 생각할 시간이 있고 혁신의 계기를 마련할 수 있다.

공이나 허는 단지 비어 있음을 뜻하지 않는다. 그 자체로 가능성을 말한다. 무언가 하겠다는 생각이 들 때마다 두 배로 버릴 것을 구상하라. 버리고 정말 잘하는 일에 집중하라. 그럴수록 혁신의 가능성이 높아진다.

혁신은 버리는 것이다. 유명한 맛집은 메뉴가 한두 가지뿐이다. 맛없는 집의 메뉴는 다양하다. 이것저것 다하기 때문에 맛이 없다. 불필요한 것을 제거해나가야 한다. 불필요한 것을 없애다 보면 통찰과 직관이 생긴다. 이것저것 하려다 보면 죽도 밥도 되지 않는다. 그렇기 때문에 무언가를 자꾸 더하기에 앞서 하지 말아야 할 것을 주기적으로 생각해야 한다.

제티슨Jettison이란 단어가 있다. 선박이나 항공기가 비상

상황에 처했을 때 사람의 생명을 제외한 화물을 바다에 버리는 것을 말한다. 아무리 값비싼 물건이라도 난파위기에서는 버리는 게 원칙이다. '위학일익 위도일손爲學日益 爲道日損'이란 말이 있다. "배움은 날마다 채우는 일이요, 도의 세계는 날마다 버리는 것이다"란 말이다. 혁신은 버리는 것이다.

혁신의 **원천은 현장**

1950년대 초반 뉴욕 최대 백화점 메이시 회장은 "가정용품이 너무 팔려 걱정입니다. 어떻게 해야 할지 모르겠어요"라고 얘기했다. 그동안은 패션상품이 주력이었다. 하지만 거기에 새로운 혁신의 기회가 있었던 것이다. 이처럼 예상치 못한 성공은 기회지만 진지하게 다루지 않으면 놓치기 쉽다. 그 기회를 제대로 잡으려면 조직에서 가장 유능한 사람을 그곳에 배치해야 한다. 대부분의 실패는 단순한 실수, 탐욕, 어리석음, 부화뇌동 또는 무능의 결과에 지나지 않는다.

혁신은 조직적이고 체계적이고 합리적인 활동이다. 직

관만으로 충분하지 않다. 특히 직관이 내가 느끼는 것what I feel이라면 도움이 안 된다. 그것은 대체로 '있는 그대로를 인식하는 것'이라기보다는 '그렇게 되기를 바라는 것'의 다른 표현이기 때문이다. 현실을 제대로 보려면 나가서, 둘러보고, 물어보고, 들어보아야 한다. 현실이 왜 변했는지는 별로 중요하지 않다. 중요한 것은 현실이 변한 것을 인식하고 인정하는 것이다.

혁신의 원천은 현장이다. 현장에 답이 있는 것이다. 제약회사 에자이는 현장체험연수를 중시한다. 병원, 각종 관련 시설, 환자들의 모임 등 다양한 곳을 방문해 그들과 함께 시간을 보내고 그 경험에서 무언가를 느끼기 위해서다. 환자의 진실을 알려면 환자와 함께 지내며 일거수일투족을 같이 체험하는 방법밖에 없다고 생각한다. 환자가 안고 있는 문제를 체험하면 이 문제를 해결하고 싶다는 동기를 갖게 되고, 문제 해결이 자신의 역할이라는 책임감을 느끼게 된다. 실제 현장체험에서 혁신이 이루어진다. 주력상품인 알츠하이머형 치매치료제 아리셉트aricept에서 이루어낸 두 가지 혁신이 그 예다. 하나는 타액과 소량의 물로 잘게 부서지도록 개발한 구강 내 붕해정이고, 다른 하나는 젤리 형태로 만든 젤리 타입 상품이다.

간호시설을 갔다 음식물을 잘 넘기지 못하는 치매환자들을 위해 간호사가 약을 잘게 부수어 밥 위에 뿌려 먹이는 모습을 보고 나온 아이디어였다. '저 환자에게 먹기 좋은 약을 제공하고 싶다'는 욕구가 그 자리에서 생겨난 것이다.

우문현답이란 말을 알고 있는가? 우리들의 문제는 현장에 답이 있다는 말이다. 혁신도 그렇다. 현장에 답이 있다. 1400년의 역사를 지닌 일본의 금강조란 건설회사는 고베 지진 때도 그들이 만든 절이 무너지지 않아 화제가 되었던 회사인데 이 회사의 경영원칙 넘버원은 사장이 현장에 사는 것이다. 혁신은 현장에 있다는 확실한 증거다.

혁신을 위해서는 정확한 진단이 필요하다. 확실하게 파헤쳐진 문제점은 반은 해결된 것과 같다. 혁신의 원천은 내부적인 것과 외부적인 것으로 구분된다. 예상치 못한 성공, 실패, 외부 사건 등은 혁신의 원천이다. 예상한 것과 다른 것도 혁신될 수 있다. 산업구조와 시장의 변화, 인구 변화, 사람들 인식 혹은 의미의 변화도 혁신의 기회가 된다. 프로세스 상에서도 이를 구현할 수 있다.

여러분 주위에는 어떤 혁신의 기회가 있는가? 예상치 못한 성공이나 실패가 있었는가? 혹시 이미 일어난 변화를 당신만 외면하고 있는 것은 아닌가?

고객창조야말로 혁신

1836년 롤랜드 힐은 우편서비스를 발명했다. 발명이라기보다 새롭게 창조했다. 당시까지 우편 비용은 항상 수신인 부담이었고 비용은 거리와 무게에 따라 결정됐다. 아주 비싸고 느렸다. 한 장의 편지도 우체국에 직접 가져와야 했다. 힐은 거리와 관계없이 우표 값을 동일하게 책정할 것을 제안했다. 우편 요금은 선급이다. 힐의 혁신으로 하룻밤 사이 우편은 쉽고 편리한 수단이 되었다. 예전에는 편지 하나 부치는 데 1실링(노동자 하루 임금)이던 것이 1페니로 떨어졌다. 비로소 현대적 의미의 우편이 탄생한 것이다.

힐이 창조한 것은 효용이다. 그는 다음과 같이 질문했다.

"우편 서비스가 진정한 서비스가 되기 위해 고객이 필요로 하는 것은 무엇인가?" 가장 큰 효과는 모든 사람이 우편을 사용할 수 있게 된 것이다. 옷가게는 우편을 이용해 청구서를 보낼 수 있었다. 우편물의 양은 4년 만에 두 배, 10년 만에 네 배로 폭발적으로 증가하면서 거의 공짜에 가깝게 가격이 떨어졌다. 고객을 창조하는 것은 그 자체가 혁신이다.

고객창조를 위해서는 우선 본질에 충실해야 한다. 음식점이라면 일단 맛이 있어야 한다. 맛이 뛰어나면 얼마든지 고객을 불러 모을 수 있다.

군산에는 이성당이란 빵집이 있다. 야채빵과 단팥빵 맛이 환상이다. 택배 주문을 하면 한 달 이상 기다려야 한다. 일해옥이란 콩나물 국밥집도 그 맛이 예술이다. 5천 원짜리 국밥집에 늘 사람들이 그득하다. 다 본질에 충실하기 때문이다. 가까운 사람들이 가장 중요한 고객이다. 공자님은 '근자열 원자래近者說 遠者來'란 말을 했다. 가까운 사람을 기쁘게 하면 멀리 있는 사람까지 찾아온다는 얘기다. 당신이 직원을 만족시키면 직원이 고객을 만족시킬 것이다.

고객 입장에서 볼 수 있고 고객의 니즈를 잘 파악할 수 있어야 한다. 일류 의사란 환자 입장에서 볼 수 있는 의사다. 최고의 낚시꾼은 물고기처럼 생각할 수 있는 사람이다. 고객 입장에서 바라보고 고객의 니즈를 잘 파악해야 한다.

1884년 NCRNational Cash Register이란 회사의 존 패터슨은 사상 최초로 금전등록기를 만들었다. 그는 이 제품의 우수성을 설명하기 위해 설명회도 갖고 여러 노력을 했지만 고객들이 별다른 관심을 보이지 않았다. 그는 작전을 바꿨다. 설명을 하지 않고 고객들의 고민을 듣기 시작했다. 그 결과 당시 주인들의 가장 큰 고민은 직원들의 삥땅이었다는 사실을 알게 되었다. 그는 이 제품을 삥땅 방지용으로 설명함으로써 크게 성공해 지금에 이르렀다.

디테일도 강해야 한다. 삼성병원은 디테일하다. 삼성병원 공사가 한창 진행 중일 때 이건희 회장이 삼성병원을 방문했다. 그리고 16가지 문제점을 지적했다. 고객지향정신의 압권이다. 대강 이런 것들이다. 문고리가 너무 빡빡하다. 힘이 없는 환자들이 그것을 어떻게 여는가? 6인실에 있는 TV 위치에 문제가 있다. 앞에 있는 사람은 볼 방법이 없다.

텔레비전 보려다 디스크 걸리겠다. 침대가 너무 높다. 침대에 오르는 것이 등산하는 것과 같다. 만족한 고객만큼 불만 품은 고객을 잘 다루어야 한다. 신규고객보다 기존 고객에게 신경을 써야 한다 등….

난 모 신문을 수십 년째 보고 있다. 아무 혜택이 없다. 하지만 집 근처에는 상품권과 자전거로 신규고객을 모집하는 사람들이 늘 있다. 내가 보는 신문사는 '우린 잡은 물고기는 먹이를 주지 않습니다'라고 광고하는 것만 같다. 여러분 회사는 어떤가? 고객을 창조하고 있는가 아니면 내쫓고 있는가?

가격전략도 **혁신이다**

　도자기는 모든 신부가 갖고 싶어 하는 물건이지만 너무 비쌌다. 어떤 것을 좋아하는지도 몰랐다. 수요는 있었지만 효용성이 없었다. 레녹스Lenox는 이를 혁신의 기회로 활용했다. 브라이드샤워(신부들이 결혼 전 자기가 갖고 싶은 목록을 작성하고 친구들이 모여 하나씩 그것을 맡는 파티)를 활용해 여기에 레녹스를 집어넣었다.

　예비신부는 가게를 결정하고 자신이 원하는 도자기 종류를 얘기한다. 잠재적 하객명단을 가게 주인에게 알려준다. 가게 주인은 하객들에게 묻는다. "선물비용으로 얼마를 예상하십니까? 그 정도 금액이라면 커피 잔 두 개와 받침

두 개 정도는 살 수 있습니다. 신부는 이미 커피 잔을 갖고 있어요. 그녀에게 필요한 것은 디저트 접시예요." 그 결과 신부도 만족하고 하객도 만족했다. 그러면서 레녹스는 폭발적으로 팔렸다.

킹 질레트는 안전면도기를 발명하지 않았다. 예전에는 소수 사람만이 수염을 깎을 필요가 있었다. 일부 사람만이 면도기를 사용했고 나머지는 칼날이 두려워 면도하지 않았다. 이발소에 가는 것은 비싸고 시간이 오래 걸리기 때문이다. 발명가들이 안전면도기를 발명했으나 팔리지 않았다. 가격이 5달러나 했기 때문이다. 당시 일당이 1달러였다. 엄청난 가격이다. 하지만 질레트의 안전면도기 가격은 55센트에 불과했다. 제조 원가의 5분의 1 수준이었다. 대신 질레트 면도날만을 사용할 수 있도록 디자인하고 면도날 가격을 5센트로 했다. 실제 면도날 하나의 원가는 1센트에 불과했다. 면도날 하나로 6~7회 사용이 가능했다. 면도 한 번 하는 데 1센트도 들지 않았고 당시 이발소 비용의 10분의 1에 불과했다. 이를 계기로 면도기는 보편화되기 시작했다.

2005년의 일이다. 질레트는 3중날 면도기 마하3로 선진

국시장을 장악한 뒤 인도시장을 넘보고 있었다. 면도할 나이의 인구만 4억 명을 넘었다. 하지만 2008년까지 좀처럼 늘지 않았다. 대부분 저렴한 2중날 면도기를 선호했다. 인도남성의 80퍼센트가 2중날을 썼다. 저가 면도기로 얼굴을 베기 일쑤였던 인도남성은 면도를 기피하게 되고 면도를 하지 않는 것이 어느새 유행이 되었다. 그들에게 '깔끔하고 매끄러운 면도'라는 질레트 구호는 먹히지 않았다.

가격과 유통전략도 문제였다. 마하3는 2중날보다 최고 50배가 비쌌다. 너무 큰 부담이다. 게다가 소수의 소매상하고만 거래했다. 자연히 부유한 도시지역에 한정됐다.

2008년, 질레트는 20퍼센트의 점유율을 끌어올리기로 결정한다. 마하3의 가격을 2중날 면도기의 세 배 수준으로 낮췄다. 신흥시장을 겨냥한 저가제품 질레트가드도 선보였다. 제품포장도 단순화했다. 덕분에 가격이 싸졌고 소규모행상들도 제품을 취급할 수 있었다. 무엇보다 마케팅의 힘이 컸다. 바로 2009년 시작한 '셰이브 인디아 무브먼트Shave India Movemnet', 우리말로 인도 면도 운동이다.

인도여성의 77퍼센트가 깔끔히 면도한 남성을 선호한다는 내용의 설문결과를 내세워 면도 운동을 펼쳤다. 인도

남성 2천 명이 한날, 한 장소에서 마하3로 면도하는 면도 마라톤 행사를 열었고 이듬해엔 발리우드 여배우들을 앞세워 면도하지 않는 남자들은 게으르다고 몰아세웠다. 그 사이 마하3 매출은 8주 만에 500퍼센트 급증했고 시장점유율은 40퍼센트까지 올랐다. 입소문 캠페인을 극대화한 것이다. 다음은 2013년 11월 〈머니투데이〉 김신회 기자의 기사다.

"수많은 수요가 가격 때문에 숨어 있는 경우가 있다. 가격이 크리티컬 포인트가 될 수 있다. 가격이 비싸서 수요가 제한적일 수 있다. 가격을 얼마로 하면 폭발적인 수요가 일어날까? 가격을 거기에 맞추기 위해서는 무엇을 어떻게 해야 할 것인가?"

혁신은 **가치를 파는 것**

"고객은 드릴을 사는 것이 아니라 구멍을 사는 것이다"
란 말이 있다. 물건을 팔 때 실제 고객들이 무엇을 사는지
를 생각해야 한다. 건설용 장비에 사용되는 윤활유를 파
는 회사가 있다. 고객은 건설업자들이다. 과연 건설회사
사람들이 그들로부터 사는 것은 무엇일까? 그들의 가장
큰 니즈는 무엇일까? 건설업자들의 가장 큰 니즈는 장비
가 고장 없이 잘 가동하는 것이다.

고객 처지에서 생각한 이 회사는 그들에게 '장비 유지 및
보수의 필요성'을 분석해주었다. 그런 다음 연간기준으로
유지 및 보수 프로그램을 계약했다. 대형 장비가 윤활유

때문에 일정 시간 이상 멈추지 않는 것을 보증해주었다. 건설업자는 윤활유 대신 '중단 없는 공사'를 샀다. 가구 회사 허먼 밀러의 슬로건은 '제품에서 시스템으로'다. 가구나 비품을 파는 대신 업무의 원활한 흐름과 생산성을 위해 필요한 사무실 배치 및 비품 구매를 컨설팅했다. 이 회사는 다음과 같이 얘기한다. "귀사는 가구를 사지만 사실 업무, 사기, 생산성 향상을 사는 겁니다."

서울 근교에서 초등학생과 중학생을 대상으로 종합반을 운영하던 학원이 있었다. 사업이 잘되었는데 종합반 대신 영어, 국어, 수학 등으로 반을 나누고 원하는 과목만 듣게끔 정책을 바꾸었다. 딴에는 고객의 니즈에 맞추고 수입도 올리기 위해 생각한 아이디어였다. 얼마 후 이 학원은 망했다. 그 동네 부모들은 학원을 공부 목적으로만 보냈던 것이 아니다. 남는 시간에 부모 대신 봐주는 보육시설로 생각했던 것이다. 내가 무엇을 파는가, 팔고 싶은가라는 질문 대신 그들은 무엇을 사는가로 시선을 바꾸어야 한다.

1930년대 GM의 캐딜락 사업부는 차가 팔리지 않아 부도 위기에 처했다. 경영진은 사업부장을 교체해서 분위기 쇄신을 꾀했다. 그는 직원들에게 다음과 같은 질문을 했다. "우리의 고객은 무엇을 구입하는가? 경쟁자는 누구인가?" 직원들은 당연히 차를 사는 것이고, 포드나 다른 자동차회사를 생각했다. 하지만 그의 생각은 달랐다. 고객이 구입하는 것은 차가 아니라 품위integrity다. 그리고 경쟁자는 자동차 회사가 아니라 밍크코트나 다이아몬드 반지라는 것이다.

획기적인 발상이다. 이후 사업전략은 완전히 달라졌다. 당시 회사의 핫이슈는 어떻게 연비를 올릴 것이냐, 기계적 성능을 좋게 할 것이냐였다. 하지만 품위라는 생각을 하자 어떻게 하면 디자인을 고급스럽게 할 것이냐, 인테리어를 우아하게 할 것이냐 쪽으로 방향을 선회하게 되었고 캐딜락 디비전은 부도 위기를 넘긴다. 혁신을 위해서는 내가 파는 것보다 고객들이 무엇을 사는지를 생각해야 한다. 호텔이 그렇다. 호텔을 단순히 숙박업으로 정의하면 혁신할 게 없다. 하지만 고객들이 호텔에서 무엇을 원하는가 생각해보면 다양한 아이디어를 떠올릴 수 있다. 추억재생업, 마음의 평안, 품위 유지….

같은 물건을 같은 방법으로 계속해서 만들어 팔면서 나아지길 바라는 것만큼 어리석은 행위는 없다. 혁신은 고객에서 출발한다. 고객은 누구인가, 그들이 원하는 것은 무엇인가, 우리는 고객의 니즈를 만족시키고 있는가, 만일 만족시키지 못한다면 이를 만족시키기 위해 무엇을 해야 하는가. 이러한 질문을 던져보아야 한다. 관심사를 '우리가 무엇을 만들어 파는가'에서 '그들이 구입하는 것은 무엇인가'라는 질문으로 전환시켜야 한다.

사명과 성과를 향한 혁신

인구 5만의 모 도시에 가면 호화 온천 호텔이 있다. 그 동네에서 홍삼이 많이 나서 홍삼을 활용한 시설을 만든 것이다. 입장료가 만만치 않다. 그런데 들어가 보니 사람은 거의 없다. 언뜻 보기에도 기백 억은 투자한 것 같다. 지자체의 경영은 정말 문제다. 말도 안 되는 시설이나 설비를 기천 억씩 투자해 지자체가 파산 상태에 이른 곳도 여러 곳이다. 현재 공공기관의 경영이 비판을 받고 있다. 어떻게 하면 이들을 혁신할 수 있을까? 쉽지 않다. 드러커는 세 가지 이유를 댄다.

첫째, 실적이 아니라 예산을 기초로 보상을 받기 때문

이다. 이들은 얼마나 많은 예산을 확보하느냐가 성공의 잣대다. 둘째, 수많은 이해당사자가 존재하기 때문이다. 이들을 만족 못 시키면 실패한다. 이해관계자 누구라도 섭섭하게 해서는 안 된다. 쉽지 않은 일이다. 시어머니가 너무 많다. 셋째, 그들 스스로 선한 일을 한다고 믿기 때문이다. 그래서 생산성에 대해 별로 생각하지 않는다. 평가를 잘 받으려면 일을 많이 벌여야 한다. 경제성이 있는가는 별로 중요하지 않다.

공공기관의 혁신을 위해서는 첫째, 사명이 무엇인지 명확히 해야 한다. 무엇을 달성하려고 하는가? 존재 이유는 무엇인가? 우리 조직이 사라졌을 때 어떤 일이 벌어지는가? 어떤 조직은 사라져주는 것이 도와주는 것이다. 둘째, 목표를 현실적으로 표현해야 한다. '기아를 없애는 일이다'란 목표 대신 '기아의 비율을 낮추는 일이다'란 목표가 훨씬 현실적이다. 셋째, 목표는 도덕적인 것이 아닌 경제적인 것이어야 한다. 경제성이 중요하다. 어떤 도시의 경전철 문제가 연일 신문에 오르내린다. 소용없는 일이다. 이들에게는 경전철을 만드는 것이 중요하지 그것이 제대로 굴러가는지는 중요하지 않다. 또 그때쯤이면 임기도 끝난다. 자신은 책임에서 자유롭다고 생각한다. 만약 경전철이 경제성을 내지 못하면 자신들에게 경제적 손실이 일어난다고 평가기준을 바꾸어보라.

소득이 늘어나고 삶의 질이 높아질수록 사람들은 돈 때문에 일하지 않는다. 일에서의 보람, 사회에 봉사한다는 기쁨, 주변으로부터의 인정과 같은 것 때문에 일한다. 앞으로 정부의 역할은 줄어들 것이다. 이런 복잡한 구조 속에서 관료적이고 비생산적인 정부가 할 일은 별로 없고 많은 역할을 비영리단체에서 하게 될 것이다.

비영리단체에서 일하는 사람들은 철저하게 사명으로 무장된 사람들이다. 일 자체에서 보람을 찾는 사람들이다. 하지만 사명이 숭고하다는 것이 일을 비효율적으로 처리해도 된다는 것을 합리화하지는 못한다. 5분 치료를 위해 3시간을 기다려야 하는 병원, 무뚝뚝하고 반말을 하는 의사들, 시장의 니즈와는 별개로 같은 과목을 수년간 같은 방법으로 가르치는 교수들, 졸업한 후 성과를 내기까지 몇 년간 재교육이 필요한 대학생, 환경을 보호한답시고 뒷돈을 거래하는 비영리 단체들….

미래는 비영리단체들의 세상이 될 것이다. 하지만 이들이 세상에 기여하기 위해서는 사명을 분명히 하고, 사명에 맞는 사람을 채용하며, 사명이 성과로 연결되게끔 전략을 만들고, 성과를 주기적으로 평가받고 이를 측정할 수 있게끔 하는 것이 필요하다. 드러커의 메시지는 명확하다. '기업은 비영리단체처럼, 비영리단체는 기업처럼' 운영하자는 것이다.

기업이론을 재검토하라

    모든 조직은 나름의 기업이론을 갖고 있다. 1809년 독일의 빌헬름 폰 훔볼트가 만든 베를린대학 설립이론, 도이치은행의 초대 행장 게오르그 지멘스가 제시한 기업이론, 미쓰비시·GM·IBM의 성공에 바탕이 된 기업이론 등이 그것이다. 하지만 강력한 기업이론을 바탕으로 성장한 기업이 실패하는 원인은 무엇일까? 대부분 조직의 태만, 자만, 그리고 거대한 관료주의로 인해 조직들이 일을 잘못 수행했기 때문이라고 한다. 드러커는 전혀 다른 시각으로 문제를 바라보며 이에 대한 해결책을 제시한다. 이런 주장이다.

    한때 성공한 기업들도 위기를 맞이한다. 조직이 일을 잘

못했거나 그릇된 일을 했기 때문만은 아니다. 대부분 옳은 일을 했지만 성과가 없었기 때문이다. 이를 어떻게 설명할 수 있을까? 조직의 설립과 운영에 관한 가정이 더 이상 현실에 맞지 않았기 때문이다. 예전에 그들을 성공으로 이끌었던 기업이론이 더 이상 작동하지 않았기 때문이다. 천하의 노키아와 닌텐도가 어려워졌다. 그들이 교만해서일까, 아니면 제품개발을 소홀히 했을까, 아니면 고객들이 불만을 가져서일까? 그 어느 것도 아니다. 시대가 너무 빨리 변했고 뜻하지 않은 스마트폰이란 경쟁자가 생겼기 때문이다.

여러분 조직을 이끄는 이론은 어떤 것인가? 지금도 유효한가? 기업이론은 조직의 환경, 사명, 핵심역량에 대한 가정으로 구성되어 있다. 환경에 대한 가정은 조직이 무엇으로 돈을 버는가 하는 것을 규정한다. 사명에 대한 가정은 조직이 중요시하는 결과가 무엇인지를 규정한다. 조직이 사회와 경제 전반에 걸쳐 자신을 다른 조직들과 어떻게 차별화할 것인가를 제시한다. 핵심역량에 대한 가정은 조직이 주도권을 유지하기 위해서는 어느 부분에 집중해야 하는지를 규정한다.

기업의 성공을 위해서는 기업이론을 재검토해야 한다.

다음 네 가지를 기억해야 한다. 첫째, 환경과 사명 그리고 핵심역량에 대한 가정이 현실과 부합해야 한다. 둘째, 세 부문에 대한 가정은 상호 부합해야 한다. 셋째, 기업이론은 조직 전체에 알려지고 이해되어야 한다. 넷째, 기업이론은 끊임없이 재검토되어야 한다.

요즘 최대 위기를 맞고 있는 조직은 바로 대학이다. 환경, 사명, 핵심역량 중 환경변화가 가장 큰 요인이다. 환경이 바뀌면서 모든 대학은 위기를 맞고 있다. IT 기술의 발전으로 최고 대학은 그들의 모든 콘텐츠를 온라인으로 올리고 있다. 마음만 먹으면 누구나 아이비리그 대학의 모든 강의를 들을 수 있다. 시민대학, 백화점 문화센터, 민간교육기관 같은 경쟁자들의 출현도 위협이다. 이들은 교육에 대한 니즈를 정확하게 파고들어 대학에 불만을 가진 고객들을 끌어들인다.

이미 대학의 최고경영자과정은 레드오션으로 바뀐 지 오래다. 고객의 출산율 저하로 인한 절대 고객의 감소도 문제가 된다. 무엇보다 대학의 최종고객인 기업의 불만이 크다. 부실한 교육으로 인해 기업에 들어온 인재를 재교육시켜야 하는 부담을 기업이 그대로 떠안게 된 것이다. 대기업이 아예 자체 대학을 만들어 인재를 키우는 것은 대학에 대한 불만의 표시다. 대학이 성공하기 위해서는 드러커가 말한 조직 이론을 재검토해야 한다. 여러분 조직은 현재 어떤가? 이 기준에 맞추어 재검토해보길 권한다.

자발적 **목표관리**

여러분은 목표를 갖고 일을 하는가? 그 목표를 스스로 세웠는가, 아니면 누군가 주었는가? 목표를 향해 달려갈 때 힘이 나는가, 아니면 힘이 빠지는가? 지식노동자의 최대 강점은 자발성이다. 자기가 알아서 하는 것이다. 목표가 바로 그렇다. 드러커는 목표관리를 세운 최초의 사람이다. 목표를 자기가 세우고 자기가 평가해야 한다는 것이다. 그가 말하는 목표관리MBO란 무엇일까?

먼저 기업의 목표가 무엇인지를 정의해야 한다. 그래야 모든 영역 사이의 균형된 노력을 이끌어낼 수 있다. 목표는 기업의 단기적 및 장기적 계획과 일치해야 한다. 기업

목표뿐 아니라 직원육성, 성과와 태도, 사회적 책임 같은 무형적 목표도 포함하고 있어야 한다.

큰 목표가 설정되면 목표관리management by objectives가 필요하다. 지식근로자는 자동으로 공동의 목표를 위해 집중하지 않는다. 고도의 전문가는 일 혹은 기능 그 자체를 최종 목적으로 인식하는 경향이 있다.

물론 이 같은 장인정신은 전문가에게 매우 중요하고 적극 장려해야 한다. 그러나 부서 혹은 개인의 목표는 기업 전체의 목표와 연계되고 한방향 정렬이 되어야만 한다. 성과를 올리기 위해서는 각 기능이 전체 목표에 초점을 맞추어야 한다. 경영자는 이 사실을 잊어서는 안 된다. 각 기능별 목표는 전체 목표로부터 도출되어야 한다.

그렇다면 목표는 누가 어떻게 결정해야 하는가? 각 부서 경영자가 자기 부서 목표를 스스로 개발하고 결정해야 한다. 목표관리의 가장 큰 장점은 경영자로 하여금 자기 성과를 스스로 세우고 관리할 수 있게 해주는 것이다. 자발성이다. 남이 준 목표, 내가 동의하지 않은 목표로는 달성이 쉽지 않다. 자발성이 없기 때문이다.

목표관리는 '명령에 의한 경영management by domination'을 '자

기관리에 의한 경영management by self-control'으로 대체할 수 있도록 해준다. 의사결정의 권한을 가능한 현장경영에게 넘긴다는 말과 궤를 같이한다. 결과에 기초해 보수를 지급한다는 말과도 일맥상통한다. 즉 목표관리는 각 부서 경영자 스스로 목표를 개발, 결정하고 실행하며 스스로 성과 측정을 통해 스스로를 관리하게 해준다.

나는 드러커의 목표관리에서 자발성이란 말이 가슴에 와 박힌다. 스스로 알아서 하는 자발성은 인간존엄의 표시다. 스스로 하는 것과 남이 시켜서 하는 것은 큰 차이가 있다. 스스로 알아서 하면 일을 많이 해도 힘이 들지 않는다. 남이 시키는 일을 하면 일을 적게 해도 힘이 든다. 하지만 조직이 커지면 이를 실현하는 데 한계가 있다.

고어텍스를 만든 고어는 자발성 실현에 많은 에너지를 쏟는다. 그는 테프론을 부드럽게 만들어 전선 절연체로 사용하자는 아이디어를 냈지만 경영진을 설득할 수 없자 고어사를 창업한다. 직원들의 아이디어가 사장되는 듀폰과는 다른 회사를 만들고 싶었다. 회사 이름도 고어와 동료들ASSOCIATES로 만들었다. 보스도 없다. 구성원이 가장 많이 따르는 사람이 자연스럽게 그 사업을 담당한다. 직원을 뽑을 때도 여러 동료가 모여 결정한다. 누가 시키지 않아도 스스로 사업 기회가 된다고 판단되면 팀을 조직해 일을 한다. 자발성의 극치다.

자발성을 어떻게 극대화시킬 것이냐가 경영에서는 중요한 화두다. 당신 회사의 자발성은 어떤가? 자발성을 높이기 위해 무슨 일을 하고 있는가?

02

미래를 준비하는 일 '인사 Human Resource'

경영자는 채용과 배치에 가장 많은 시간을 써야 한다.
채용에 5분밖에 시간을 사용하지 않는다면,
잘못 채용된 사람 때문에 5천 시간을 사용하게 될 것이다.
조직에서 가장 어려운 결정은 채용, 해고, 승진 등
사람에 관한 것이다.
좋은 인재를 선별하는 능력이야말로
위대한 기업이 되는 최고경쟁력 중의 하나다.

조직에서 가장 어려운 결정은
채용, 해고, 승진 등
사람에 관한 것이다.
좋은 인재를 선별하는
능력이야말로
최고경쟁력 중의 하나다.

인사가 **만사**

인사가 가장 중요하다. 경영자의 가치관이 무엇인지 확실하게 보여주기 때문이다. 어느 기업을 인수했다는 사실은 그저 그런 반향을 일으키지만 어떤 사업부의 책임자에 누가 임명되었다는 사실은 즉시 큰 반향을 불러일으킨다. 제대로 된 인사를 한다면 직원들은 이런 말을 할 것이다. "그는 그 자리에 앉을 자격이 충분히 있어. 그를 선택한 것은 정말 탁월한 결정이야. 지금 빠르게 성장하고 있는 그 사업에 그만큼 적임자는 없어." 하지만 만일 타고난 정치적 수완 때문에 승진했다면 모든 사람이 그 사실을 알게 될 것이다. 그리고 이렇게 말할 것이다. "음, 이제 알았어,

우리 회사에서 출세하는 길 말이야." 그들은 회사가 자신에게 정치적 기질을 요구한다는 점에 환멸을 느끼게 될지 모른다. 그러고는 회사를 그만두거나 정치가가 되거나 둘 중 한 가지를 선택하게 될 것이다.

조직에서 일하는 사람들은 다른 사람들이 출세하거나 좋은 대우를 받는 것을 보면 그 사람의 행동을 그대로 본받으려는 경향이 있는데, 이는 당연한 일이다. 만일 아무런 성과도 올리지 못하는 아첨꾼이나 잔꾀 많은 사람이 승진한다면 그 조직은 곧 그런 아첨꾼이나 잔꾀 많은 사람의 세상이 되고 말 것이다. 공정한 인사를 위해 최대 노력을 기울이지 않는 경영자는 조직의 성과에 해를 끼치는 것 이상의 잘못을 저지르는 것이다. 그들은 구성원이 조직에 가진 경외심을 훼손시키고 있는 것이다.

정전 사태로 시끄러운 적이 있다. 근데 책임자 중에 전력 전문가가 하나도 없다는 사실을 듣고 모골이 송연했다. 조직과 국가가 갖는 최대 위기는 자격 없는 자가 영향력이 큰 자리에 앉는 것이다. 이것은 그 자리에 앉는 사람에게도 비극이다. 맞지 않는 옷을 입고 있으니 본인도 얼마나 힘들겠는가? 또 그 밑에 있는 사람은 얼마나 힘들겠는가?

경영의 고수는 인사의 고수다.

최고경영자의 의사결정 중 가장 중요한 것이 바로 인사人事다. 비전, 전략, 마케팅, 기술개발 등 최고경영자가 내려야 할 의사결정은 참으로 많지만 그 모든 것이 결국은 사람을 통해 이루어지기 때문이다. 적당한 사람을 뽑아 적당한 자리에 배치하고 그들이 제 역할을 하도록 하는 것이 인사인 만큼 인사의 중요성은 아무리 강조해도 지나치지 않다.

적절한 인사는 성과로 나타난다. 피터 드러커는 새로운 사람을 배치한 후 3개월간 아무 성과가 나타나지 않으면 그것은 잘못된 의사결정이라고 얘기한다. 다른 무엇보다 최고경영자는 인사를 통해 자신의 생각을 펼치기 때문에 인사가 중요하다. 사람들 역시 인사를 통해 최고경영자를 판단한다. 그가 어떤 사람을 중시하는지, 어떤 사람이 대우를 받는지를 보면 최고경영자의 생각과 가치관을 미루어 짐작할 수 있다.

가치관이란 말보다는 행동에 나타나게 되어 있다. 최고경영자의 행동과 의사결정은 늘 사람들의 관심을 받게 되어 있는데 그중에서도 인사에 관한 의사결정이야말로 사람들에게 가장 강력한 영향력을 행사한다. 또 그로 인한 사람들의 생각과 행동이 그 기업의 미래와 직결되는 것이다. 그래서 인사가 만사라고 하는 것이다.

성과를 부르는 **공정한 평가**

완두콩 캔 제조회사는 벌레로 인해 골머리를 앓았다. 그래서 벌레 제거 작업에 들어갔다. 그리고 이를 평가와 연계했다. 잡은 벌레 수에 따라 보너스를 주는 제도를 도입했다. 확실히 많은 벌레가 잡혔다. 그런데 일부 작업자들은 출근하면서 벌레를 가지고 와서 완두콩에 붙이는 사태가 벌어졌다. 잘못된 평가 기준 때문에 생긴 일이다. 월남전 당시 맥나마라 국무장관은 장군 평가를 그들이 사살한 베트콩의 헤드 카운트로 한다고 발표했다. 그 해 부대별로 사살했다고 보고한 베트콩 숫자는 전체 인구를 넘어섰다. 평가의 어려움을 말해주는 사례다.

"사람은 절대 바뀌지 않는다. 사람을 바꿀 수 있는 것은 평가뿐이다." 드러커의 얘기다. 일을 열심히 하는 사람이나 뺀질거리는 사람을 똑같은 대접한다면 열심히 하는 사람이 불만을 품게 된다. 성과가 뛰어난 사람이나 그저 그런 사람이나 매년 똑같은 평가를 받는다면 열심히 일하는 사람이 이상한 사람이 된다.

그만큼 평가가 중요하다. 정확한 평가를 위해서는 직원이 회사가 추구하는 방향, 인재상, 요구사항과 일치하는지를 따져야 한다. 인간 위주의 경영을 외치면서 성과 중심적으로 평가해서는 안 되고, 반대의 경우도 안 된다. 무엇보다 복잡하면 안 된다. 단순하면서도 메시지가 명확하고 평가자와 피평가자가 모두 동의하는 평가가 좋은 평가다. 평가하는 사람도 쉽게 평가할 수 있고, 피평가자 또한 쉽게 이해할 수 있어야 한다. 어떤 회사는 평가 시트만도 수십 장이 된다. 역량, 성과, 내부직원, 외부고객, 심지어 인성…. 그야말로 평가하다 날이 샐 지경이다. 그러니 평가 얘기만 나오면 모두 고개를 젓는다.

2009년은 포항스틸러스의 해였다. 그들의 축구는 달랐다. 나쁜 것에 한눈팔지 않는다. 이기고 있어도 표정이 바꿔지 않는다. 서두르거나 포기하지 않는다. 상대가 반칙해도 뒤도 안 보고 자기 위치로 간다. 백패스는 없다. 스틸러스웨이 때문이다. 파울 최소화, 심판에게 항의 금지, 이기고 있어도 공격하기 등이 핵심이다. 승리수당을 없애고, 선수의 플레잉타임, 경기 매너 등을 점수로 환산해 수당을 지급했다. 남과의 비교가 아니라 자신과의 비교를 통해 성공을 평가했다. 세 가지가 핵심이다. 이기고 있어도 공격하기, 심판판정 존중하기, 재미있는 축구하기.

보상체계도 평가와 연계되어 있다. 득점한 선수, 도움을 준 선수를 우대하기보다는 스틸러스웨이를 지킨 선수를 우대했다. 승리수당을 없애고 대신 스틸러스웨이 수당을 준다. 플레잉타임, 파울, 경기매너에 점수를 부여한다. 100점 만점에 플레잉타임 30점, 경기매너 30점, 경기력 40점이다. 승패와 관계없이 세 항목 점수가 높으면 수당을 받는다. 공이 멈춰 있는 시간을 줄이기 위해 고의로 시간을 지연시키지 않는다. 이기고 있어도 선수 교체 때 뛰어나온다. 포항은 노력성향이 강한 선수가 잘 어울리는 팀이다. 이겨야만 잘한다고 생각하는 과시성향은 어울리지 않는다. 판정항의를 자주 하는 선수, 거친 플레이로 상대를 제압하는 선수는 어울리지 않는다. 그래서 승패와 관계없이 최대 노력을 기울인다.

성과가 나지 않는가? 그렇다면 평가제도에 문제가 있을 수 있다. 성과를 내지 않아도 사는 데 지장이 없을 수 있다. 아니 성과 내는 사람이 역차별을 당할 수도 있다. 당신 조직의 평가제도는 어떤가? 만족하는가? 모두가 불만을 품고 있는가? 어떻게 하면 공정한 평가를 할 수 있다고 생각하는가?

채용은 경영의
알파이자 오메가

배우자를 변화시키는 데 성공한 사람이 있겠는가? 불가능한 일이다. 당신은 무엇에 가장 많은 시간을 쓰고 있는가? 아마 잘못 뽑은 사람이 저지른 실수를 만회하는 데 엄청난 시간을 쓰고 있을 것이다. 잘못된 사람과 일을 하기보다는 차라리 그 일을 당신이 직접 하는 편이 훨씬 낫다. 사람은 쉽게 바뀌지 않는다. 안 되는 사람에게도 많은 공을 들이면 언젠가 좋아질 수는 있다. 하지만 투자 대비 효과가 작은 것이 문제다. 시간이 너무 오래 걸린다. 탁월한 경영자는 이런 사실을 깨닫고 실천하고 있는 사람들이다.

경영자는 채용과 배치에 가장 많은 시간을 써야 한다. 채용에 5분밖에 시간을 사용하지 않는다면 잘못 채용된 사람 때문에 5천 시간을 사용하게 될 것이다. 조직에서 가장 어려운 결정은 채용, 해고, 승진 등 사람에 관한 것이다. 인사결정은 관심을 가장 덜 받는 부분이긴 하지만 원상태로 돌리기 가장 어려운 부분이다. 좋은 인재를 선별하는 능력이야말로 위대한 기업이 되는 최고경쟁력 중의 하나다.

이를 위해서는 첫째, 직무 내용을 철저히 생각해야 한다. 둘째, 잠재력이 있는 여러 명의 후보를 검토해야 한다. 셋째, 후보자의 강점을 파악해서 그 강점을 살려야 한다. 무난한 사람을 써서 얻을 수 있는 최고의 성과는 사고를 치지 않는 것이다. 넷째, 함께 일해본 경험이 있는 사람에게 각 후보에 대한 의견을 들어야 한다.

다섯째, 새로 임명된 사람이 직무 내용을 이해하는지 확인해야 한다. 예를 들어, 3개월이 지난 후 '자신의 새로운 역할'이 뭐라고 생각하는지 직무기술서를 쓰게 한다. 새로운 일에 대한 기대성과와 요구사항을 명확하게 하는 것이 중요하다. 새로운 직무가 요구하는 것이 무엇인지 깊이 생각하지 않는 데서 문제가 발생한다. 직위가 달라지면 당연히 새로운 행동방식이 요구된다. 과부제조기widow maker를 주의해야 한다. 미국상업은행의 국제담당 부사장은 누가 가도 물을 먹는 자리였다. 만약 그런 자리가 있다면 즉시 폐기하라.

족구는 보통 네 명 내지는 다섯 명이 경기를 한다. 보통 구멍이라고 불리는 사람이 있다. 구멍이라고 불리는 사람이 있으면 무슨 일이 벌어질까? 상대는 구멍을 집중공략하고 구멍은 기대에 부응해 번번이 뚫린다. 구멍은 없는 것이 차라리 낫다. 구멍이 없으면 한 사람이 두 사람 역할을 하면 된다. 조금 바쁘고 힘들긴 하지만 조금 열심히 뛰면 된다. 구멍이 있으면 그 사람 역할을 다른 사람이 하기 어렵다.

조직생활에도 구멍이 존재한다. 번번이 그 사람 때문에 업무에 문제가 생기고 차질을 빚는다. 그런 사람은 차라리 없는 게 낫다. 경영은 사실 채용이다. 전략도 본질은 채용이다. 어떤 전략을 사용할 것인지보다 그 전략을 누가 실행할 것인지가 훨씬 중요하다. 아무리 전략이 좋아도 사람이 부실하면 그 전략은 실패한다. 전략이 다소 엉성해도 사람이 똘망똘망하면 전략은 성공한다. 그렇기 때문에 채용은 경영의 알파이자 오메가다.

채용에서 가장 중요한 것은 '뽑을 때는 가능한 천천히, 해고는 빠르게Hire slow, fire fast'다. 그만큼 사람을 판단하는데 시간이 걸리기 때문이다. 그 사람 역시 조직이 마음에 들어야 한다. 여러분은 현재 채용에 어떤 방식을 쓰고 있는가? 맘에 들지 않는 사람을 어떻게 하려고 하는가? 채용에서의 성공이 경영에서의 성공이다.

벤처 성공을
위한 주제파악

토머스 에디슨은 실패한 벤처경영자다. 회사 설립, 자금 조달, 기술개발 능력은 갖췄지만 회사를 경영하기 위한 팀을 조직하지 못했다. 기업가로만 남아 있었다. 중견기업으로 성장할 단계에서 번번이 도산했다.

벤처기업가가 성공하기 위해서는 첫째, 시장에 초점을 맞추어야 한다. 신제품 또는 서비스가 성공해야 할 시장에서 성공하지 못하고 전혀 다른 시장에서 성공할 때도 있다. 많은 기업이 사라지는 이유는 창업자 자신이 시장을 제일 잘 안다고 자만하기 때문이다. 성공을 거부하는 때도 부지기수다.

1905년 독일 화학자는 최초로 국부 마취제 노보카인을 개발했다. 하지만 이를 사용하는 의사는 없었다. 대부분 전신마취제를 사용했다. 그런데 예상과 달리 치과의사들이 이를 사용하기 시작했다. 그는 이게 못마땅해 전국을 다니며 치과용으로 쓰면 안 된다고 강연까지 했다. 대부분의 기술자가 그렇다. 애초 목적과 다른 목적으로 쓰이면 싫어한다. 하지만 당신이 개발한 기술은 시장에서 엉뚱한 방향으로 쓰일 수 있다. 잘 관찰해야 한다.

둘째, 현금흐름과 자금에 대한 계획을 세워야 한다. 돈의 흐름이 중요하다. 오늘을 위한 현금, 사업확장을 위한 자금에 신경을 써야 한다. 하지만 대부분 지출, 재고, 채권관리에 미숙하다. 이 중 어느 하나만 걸려도 회사는 쉽게 망한다.

셋째, 최고경영자 팀을 구성해야 한다. 사업이 잘되면 바빠지기 시작한다. 이때 모든 것을 혼자 다 하려고 해서는 안 된다. 주말에 조용히 앉아 나를 비롯한 다른 사람들을 떠올리며 그들 각자의 장점을 생각해보아야 한다. 회사의 주요활동에 대한 목록을 만들고 내가 잘할 수 있는 것과 다른 사람이 잘할 수 있는 것을 정리해보아야 한다. 작은 규모의 벤처가 성장하면서 제왕처럼 모든 일에 관여하는 경영자가 있다. 망하는 첩경이다. 다음 질문을 던져보라. 앞으로 사업에서 중요한 것은 무엇인가? 내 강점은 무엇인가? 내가 그 일을 잘할 수 있는가?

창업자가 잘할 수 있는 일과 하고 싶어 하는 일 사이에는 격차가 크다. 못하는 일에 나서면 안 된다. 폴라로이드 카메라를 만든 애드윈 랜드는 15년쯤 회사를 직접 경영한 뒤 급성장하자 최고경영자 팀에게 경영을 일임하고 자신은 기초연구 담당자문으로 물러났다. 혼다를 만든 기술자 혼다 소이치로는 주제파악을 잘했다. 자신은 기술개발에만 전념하고 경영은 후지사와에게 다 맡겼다. 그래서 성공했다. 포드는 이를 잘 못해서 망했다. 제임스 쿠젠스는 포드의 좋은 동반자였다. 1일 5달러제, 선구적인 유통 정책과 사후관리 정책은 모두 쿠젠스가 고안했다. 포드는 이런 정책에 반대했다. 그러다 1907년 끝내 결별했다.

결정적 사건은 모델 T에 관한 것이다. 견해가 달랐다. 쿠젠스는 새로운 모델 개발을 제안했으나 포드는 반대했다. 쿠젠스 사임 뒤 포드는 자신이 어떤 업무에 적합한지 잊고 모든 일에 관여하기 시작했다. 포드가 경영을 장악한 뒤 포드는 쇠퇴의 길을 밟는다. 전혀 팔리지 않을 때까지 장장 10년 동안 모델 T에 집착했다. 거의 망할 뻔한 포드를 2세가 다시 세웠다.

벤처가 성공하기 위해서는 역할변화에 조심해야 한다. 주제파악에도 신경을 써야 한다. 한때의 성공에 자만해서는 안 된다. 자기 역할만큼 다른 사람의 역할도 인정해야 한다. 한때의 성공은 누구나 할 수 있다. 중요한 것은 지속적인 성공이다. 현재 당신의 조직은 어떤가? 황제처럼 군림하면서 모든 곳에 끼어들어 무소불위의 권력을 휘두르지는 않는가? 그 때문에 유능한 인재가 버티지 못하는 것은 아닌가?

대학은 왜 문을
닫아야 하는가

문을 닫는 대학이 늘고 있다. 출생률이 줄고 학생이 줄면서 생겨난 현상이다. 수요와 공급의 불균형 때문이다. 하지만 이 때문만은 아니다. 대학을 졸업한 학생들은 대학에 대해 불만을 갖고 있다. 제대로 가르치지 못하기 때문이다. 대학의 고객인 기업들도 대학에 대해 불만을 갖고 있다. 현실과 동떨어진 교육으로 입사 후 다시 재교육을 해야 하기 때문이다. 또한 대학은 생산제품에 대해 애프터서비스를 하지 않는 유일한 조직이다. 드러커는 1981년도 〈1990년의 학교〉라는 논문에서 이런 문제점을 통찰력 있게 다루었다. 그의 생각을 보자.

지난 30년간 학교는 폭발적으로 성장했다. 더 이상은 아니다. 학교 교육이 실패했기 때문이다. 실제 업무에 필요한 능력을 가르치지 않고 학위를 수여한 학교에 소송을 제기하는 사례가 증가할 것이다. 또 실용성이 떨어지는 학과의 학생들은 실용학문으로 전공을 옮기고 있다. 심리학에서 의학으로, 사회학에서 회계학으로, 흑인연구에서 컴퓨터프로그래밍으로 바꾸고 있다.

기존의 전통적인 교육에 대한 수요는 줄 것이다. 하지만 교육에 대한 수요는 증가할 것이다. 특히 직장인을 위한 평생교육은 계속 증가하고 있다. 이들 과정은 대학이 아닌 민간부문, 경영자협의회, 정부 등에서 이루어지고 있다. 대학이 외면하는 분야에 성장기회가 있다. 성인들은 세분화되고 전문화된 수업을 요구한다. 동시에 이를 통합할 수 있는 인문학 과정을 원한다. 이들은 기존의 전통적 수업 대신 저녁, 주말을 이용해 한 학기분량을 2주 안에 끝내는 집중과정을 선호한다.

성인교육을 위해서는 유연성이 필요하다. 개개인을 위한 맞춤방식이 필요하다. 어떤 학생은 엄격한 규율을 가진 체계적 환경에서 잘 배운다. 어떤 학생은 진보적이고 자유로운 환경에서 잘 배운다. 어떤 성인은 책에서 배우고 다른 이들은 실제 경험에서 배우며 다른 이들은 오디오북을 통해 학습한다. 어떤 학생들에겐 잘 짜여진 하루하루의 과제가 필요하고, 다른 이들은 자기 과제를 직접 계획하는 것을 좋아한다. 그러나 너무 오랫동안 교육자들은 그런 방법에 동의하지 않았다. 가르치고 배우는 데는 한 가지 방법만이 존재한다고 주장했다. 자기가 배우고 싶은 것만을 골라 들을 수 있는 바우처 시스템에 대한 요구도 높아질 것이다. 이런 다양한 요구를 수용하지 못하고 기존 방식만을 고집하는 대학은 무너질 것이다.

대전에 있던 충남도청은 꽤 넓은 땅을 갖고 있다. 번듯한 건물들도 꽤 많다. 지금은 충남도청이 홍성으로 가고 그 자리에 대전시민대학을 만들었다. 정규대학은 아니고 대전시에서 만든 것인데 기백 개의 과정이 있다. 대부분 한 달 수강료가 1만 원에서 3만 원 정도에 불과하다. 정말 없는 과정이 없다. 마케팅 같은 경영학과 과정에서부터 스페인어, 터키어까지 가르친다. 물론 뜨개질도 가르치고 도자기 만드는 것도 가르친다. 마음만 먹으면 세상에 있는 모든 지식을 배울 수 있는 곳이다. 제법 많은 사람들이 왔다 갔다

하는 걸로 봐서는 제법 장사가 되는 것 같다.

난 속으로 이런 생각을 했다. 한 학기 등록금이 기백만 원인 대학 경영학과와 이곳에서 가르치는 경영학 사이에 얼마나 큰 차이가 있을까? 학위가 있다는 것이 시장에서 그렇게까지 효용성이 있을까? 대학이 이런 비용에 대한 고객들의 니즈를 만족시키기 위해서는 무엇을 해야 할까?

요즘 대학은 난리다. 정부에서 구조조정을 강력하게 드라이브하기 때문이다. 교수들의 반발이 크지만 이는 반발한다고 풀리는 문제는 아닌 듯싶다. 대학의 미래가 궁금하다. 그 안에 있는 교수들의 미래도 궁금하다. 어디로 가야 하는 것일까?

덩치만 큰 대학

"어떤 과목이 구식이 되어 더는 쓸모가 없어지면 그것은 필수과목으로 자리를 잡게 된다."

피터 드러커의 말이다. 대학은 현장과 유리되어 있다. 커리큘럼도 그렇고 학생도 그렇다. 기업은 졸업생을 바로 활용할 수 없다. 큰 비용을 들여 재교육을 해야 활용할 수 있다. 대학의 문제야말로 현재 대한민국이 안고 있는 가장 큰 문제다. 수출로 벌어들인 돈을 유학비용으로 까먹고 있다. 대학은 과연 어떻게 변해야 할까?

작으면서 큰 대학, 클레어몬트 칼리지는 피터 드러커가 있던 대학이다. 이 학교의 모델은 우리에게 하나의 대안을 준다. 그는 하버드대학에서 몇 번이나 교수로 오라고 제의를 했지만 뿌리치고 클레어몬트 칼리지를 택했다. 자유를 비롯한 작은 대학만의 가치 때문이다. 이곳은 작은 대학과 큰 대학의 장점을 고루 취한 컨소시엄 형태를 보이고 있다. 1923년 퍼모나대학의 학장이었던 제임스 블레이스텔이 컨소시엄을 만들면서 취지를 이렇게 설명했다.

"내 소망은 하나의 크고 획일적인 종합대학 대신 옥스퍼드처럼 도서관과 주요 시설은 공동으로 쓰지만 작은 칼리지로 분화된 그룹의 학교를 가지는 것이다. 이렇게 하면 작은 칼리지의 개인적 가치를 보전하면서 큰 대학시설의 편의성을 보장할 수 있다."

클레어몬트가 벤치마킹한 영국의 옥스퍼드는 대학 본부를 두고 소규모의 대학들이 독립성을 유지한 채 연합체제를 구축하고 있다. 옥스퍼드 내 대학들은 칼리지마다 시설과 교수진이 다르고 학문과 연구 분위기도 다르다. 하지만 독립적이고 논리적이며 협동적인 사고를 함양한다는 기본 목표는 같다. 클레어몬트 칼리지의 학생들은 작은 대학만의 학문적 집중과 큰 대학에서만 누릴 수 있는 시설을 동시에 활용할 수 있다. CUC_{Claremont Univ. Consortium}란 곳에서 대학 행정을 대부분 처리한다. 이 컨소시엄은 미국에서도 유일한 컨소시엄 형태를 보이고 있다. 학생과 교수 비율도 10대 1을 넘지 않도록 한다.

개인이든 조직이든 커지면 동작이 느려지고 유연성이 떨어진다. 당연한 일이다. 대학이나 정부기관의 비효율도 따지고 보면 구조적으로 너무 크기 때문에 나타난 현상이다. 고어텍스로 유명한 고어사는 듀폰 출신의 빌 고어가 만들었다. 그는 관료적이고 느려터진 듀폰이 싫어 완전 반대의 회사를 만들기 위해 고어사를 만들었다. 이 회사는 한 조직이 200명을 넘지 않는다. 그 수가 넘어가면 본래 취지와는 다르게 관료적으로 변하기 때문이다. 이 조직은 계층구조가 아닌 창살구조로 되어 있다. 팬케이크처럼 수평적 조직이다. 관리계층도 없고 조직도도 없다. 직함을 가진 사람들도 없고 보스도 없다. 대부분 스스로 관리한다. 그들의 공동목표는 '재미있게 일하면서 돈을 벌자'다.

빌 고어는 듀폰에서의 경험을 통해 창살구조에 주목했다. 이들은 리더를 스스로 선출한다. 리더 호칭을 받은 사람은 일을 해내고 팀을 뛰어나게 이끌어가는 능력을 행사함으로써 영향력을 발휘한다. 고어에서는 팀 성공에 기여하고 계속 성과를 내면 추종자를 모을 수 있다. "만약 회의를 소집하고 사람들이 나타나면 당신은 리더가 된다." 리더로서 봉사해달라고 거듭 요청받은 사람은 자신의 명함에 리더라는 단어를 자유롭게 쓸 수 있다. 이런 리더는 전체 직원의 10퍼센트쯤 된다. 테리 켈리도 이런 과정을 거쳐 대표가 됐다.

지금 대학의 문제 중 하나는 구조적 문제다. 너무 크기 때문에 뭐 하나 결정하려 해도 걸리는 게 너무 많다. 클레어몬트 칼리지처럼 컨소시엄으로 대학을 재편성하면 어떨까? 도서관, 행정본부, 운동장, 브랜드는 같이 쓰되 그 안에서 소규모로 별도의 대학을 만드는 것이다.

대학 혁신,
시장 니즈를 읽어라

대학이 성과를 내기 위해서는 예전처럼 전문분야에 따라 학부를 구성해서는 안 된다. 시장 니즈에 따라 재구성되어야 한다. 대학을 필요로 하는 것은 자기 전문 분야에서 정보를 수집하고 그것을 구체적 성과에 적용할 수 있는 능력을 얻기 위해서다. 그것을 학생들에게 가르쳐줄 수 있어야 한다. 지식의 목적은 지식 그 자체가 아닌 행동에 대한 적용에 있다. 그것이 지식의 가치를 판단하는 기준이다. 교육받은 사람은 더 이상 가난하지 않다. 오히려 그 반대다. 그들은 지식이라는 생산수단을 소유한 진정한 자본가다. 지식은 권력을 보유하고 있다. 그러나 권력과 부는 책임을 동반한다.

다양한 지식을 갖고 있다는 것이 지혜롭다는 것을 의미하지는 않는다. 지식은 언제나 권력을 수반하며 권력에는 도덕성의 문제가 따른다. 따라서 지식을 가진 사람은 스스로 자기 규율을 통해 문제를 예방하고 해결해야만 한다. 사회가 그 안전장치를 마련하기는 쉽지 않다. 권력을 가진 집단은 자기 도덕성에 스스로 책임을 져야 한다. 그렇지 않으면 부패한 집단이 된다.

과다한 대학 수도 문제지만 대학 안의 분류도 문제다. 시장 니즈와는 별개로 전공에 따라 오랫동안 운영됐다. 드러커는 이 사실을 날카롭게 지적하고 있다. 자기 전공분야가 아닌 시장 니즈에 따라 바꾸라는 것이다. 이미 몇몇 학교는 이런 실험을 하고 있다. 또 다른 하나는 지식인의 책임이다. 그동안 지식인들은 자신이 배운 지식을 자신의 부와 명예를 위해서만 사용해왔다. 하지만 책임의식을 가져야 한다. 자신만이 아닌 사회를 위해서 사용해야만 한다. 지식에는 책임이 따른다.

"지난 2월 연세대 정보산업공학과를 졸업한 박모씨는 현대차에 입사했다. 대학합창단 활동과 미국 1년 교환학생

경험을 빼곤 별다른 스펙이 없었다. 인턴도 한 적이 없다. 삼성전자, 현대차, 현대중공업, 두산중공업 모두 합격했지만 관심분야 때문에 현대차에 입사했다. 반면 인문계 출신 중에 이보다 스펙이 좋은 친구들은 40~50군데 원서를 내고도 입사에 실패했다. 지금 대학의 문제는 채용의 미스매치에 있다."

2014년 3월 14일 〈중앙일보〉 1면 기사다. 지금 취업이 어려운 것은 일자리가 준 탓도 있지만 일자리와 대학졸업생과의 미스매치 때문이라는 것이 핵심이다. 내가 고등학교를 다닐 때는 열두 반 중 아홉 반이 이과였다. 다른 학교도 비슷했다. 문과는 자리가 없다는 것이 이유였다. 근데 외환위기 이후 완전 반대가 됐다. 이과는 30퍼센트 이내로 줄었다. 뒷공정은 생각하지 않고 앞공정에서 물건을 많이 만들어낸 것과 같다.

대학은 무엇인가? 대학은 무엇으로 평가받아야 하는가? 여러 가지가 있지만 그중 하나는 졸업생의 품질과 그들의 취직이다. 시장에서 요구하는 일자리에 맞는 사람을 만들어야 하고 거기서 성과를 낼 수 있어야 성공이다. 하지만 지금 대학은 어떤가? 시장 니즈와 동떨어진 학생을 양산

하고 있다. 어떤 이는 독일 전체의 문학하는 학생보다 한
국에서 공부하는 독문과 학생이 많다는 얘기도 농담 반
진담 반으로 한다.

　팔리지 않는 물건을 잔뜩 만들어내는 기업은 망할 수밖
에 없다. 기업에서 필요로 하지 않는 학생을 잔뜩 졸업시
켜 실업의 문제를 확대재생산하는 대학 역시 비난받아야
한다. 경영의 기본은 고객이다. 고객이 있어야 하고, 그 고
객을 만족시킬 수 있어야 조직이 생존할 수 있다. 지금은
대학이 선택해야 한다.

한번 교수이면
영원한 교수인가

한번 해병이면 영원히 해병이란 말이 있다. 대학교수도 그렇다. 한번 교수가 되면 웬만해서는 교수직을 그만두지 않는다. 드러커 박사는 대학에 대해 엄중한 경고를 하고 있다. 그가 대학교수에 대해 무슨 생각을 하고 있는지 1979년에 쓴 〈대학교수의 과잉고용〉이란 논문을 통해 살펴보자.

10년 후 대학교수라는 직업은 사라질지 모른다. 입학생이 줄면서 매출이 줄기 때문이다. 입학생이 줄면 필요한 교수 수가 줄기 때문이다. 거기다 종신제는 이런 문제를 가속화시킬 것이다. 학생 수와 매출 문제를 해결하지 못하면 대학의 갈 길은 셋 중 하나다.

첫째, 45~50세 사이의 능력 있는 교수를 포함한 대부분 직원의 급여를 줄이는 것이다. 정치적 압박과 노동조합을 통한 압박은 속도를 늦출 뿐이지 대세를 거스를 수는 없다. 사회는 교수에 대해 측은지심을 갖지 않는다. 그들만이 안락하게 지낼 자격이 있다고 생각하지 않는다.

둘째, 과 혹은 전체 학부를 줄이거나 폐쇄하는 것이다. 순수미술의 경우는 교수 서넛이면 학생을 충분히 가르칠 수 있다. 그런데 만약 아홉 명의 교수가 모두 종신제 교수라면 그 과를 폐쇄하는 방법밖에 없다. 법정에서 이 문제를 다룬다면 이는 종신제 위반이다. 만약 종신제도라는 직업을 보장해야 한다는 판결을 내린다면 대학 전체가 문을 닫을 수밖에 없다.

셋째, 3년, 3년, 5년, 5년, 5년 단위로 갱신되는 계약을 하는 것이다. 만약 계약이 연장되지 않으면 1년의 유예기간이 주어진다. 그 기간 동안 해당 교수는 다른 직장을 알아봐야 한다. 재계약을 위해서는 교수로서의 참여뿐 아니라 다른 분야에서도 탁월한 성과와 존경을 얻어야 한다. 일반인으로서 끊임없는 훈련도 해야 한다. 동창회 일도 해야 한다. 이렇게 대여섯 번의 계약을 성공적으로 한 후 자동적으로 종신고용이 된다.

그렇다면 이런 위기를 어떻게 개척할 것인가? 두 가지 분야의 성장 기회가 있다. 하나는 고등교육을 이수한 성인들에게 전문적이고 일반적인 평생교육을 제공하는 것이고, 또 하나는 지역 커뮤니티 칼리지로서의 역할이다. 그러나 문제가 있다. 젊은 교수들은 이런 기회를 활용할 수 없다. 자격이 되지 않기 때문이다. 대부분의 교수들 역시 평생교육을 할 능력이 되지 않는다. 그들은 성인을 가르치는 방법을 모른다. 편협하고 고리타분한 지식으로는 성인을 만족시킬 수 없다. 커뮤니티 칼리지에서는 눈높이에 맞춰 과제를 경험에 연결시키고, 응용하고, 그를 통해 배우는 능력이 필요하다.

오래전 이런 논문을 썼다는 게 놀랍다. 점쟁이가 아닌데 대학의 미래를 이토록 정확하게 예측했다는 사실이 경이롭다. 한국의 기업은 1997년 외환위기를 맞으면서 직장인 전체가 큰 깨달음을 얻었다. 죽을 때까지 나를 보호할 것으로 생각했던 직장이 무너지면서 하루아침에 길거리에 나앉은 수많은 직장인들은 안전한 직장이 얼마나 헛된 생각인지를 뼛속까지 깨달을 수 있었다.

　나 역시 98년에 대기업을 나와 매서운 추위를 온몸으로 겪었다. 이후 한국은 놀랍게 성장했다. 개인도 조직도 성장했다. 국내를 벗어나 해외로 진출했고 해외의 강자들과 맞서 싸우면서 세계 1등을 하는 상품과 기업들이 늘어났다. 반도체, 스마트폰, 텔레비전, 조선 등은 막강의 1등이다. 하지만 예외가 있었다. 바로 정부기관과 대학이다. 그 대학이 지금 위기를 맞고 있다. 드러커가 예상한 것과 한 치의 오차도 없다.

교수가 변해야
대학이 산다

교수들은 40대 초반까지 20년 이상 학교에만 있었을 뿐 다른 환경에서 일한 적이 없다. 대부분 교수들은 오로지 연구와 논문작성에 몰두했다. 그 시기를 지나면 오직 일부만이 생산적 인재가 된다. 역사학, 인류학, 야금학을 언급할 때 떠오르는 사람 수는 극히 소수다. 나머지는 지루함을 느끼며 은퇴한다. 그들은 자기 할 일은 알고 있지만 더 이상 흥미를 느끼지 못한다. 그들에게는 다른 도전과 경력이 절실히 요구된다. 그들은 새로운 곳으로 이동해야만 한다. 중년의 교수들은 탈진burnout과는 거리가 멀다. 대신 지루함을 느낀다. 능력은 있지만 지루함을 느끼는 교수에게는 새로운 자극이 필요하다. 새로운 도전, 환경, 다른 일 등을 만나야만 한다. 그런 기회를 통해 자신을 업그레이드해야 한다.

현재 교수 채용과 보상시스템은 잘못됐다. 전문화와 고립화를 가져올 뿐이다. 예전에는 올바른 방법일지 모르지만 더 이상은 아니다. 시대에 앞서기 위해, 변화하는 시장에 맞추기 위해 채용과 교육 및 평가방법이 바뀌어야 한다. 이미 들어온 교수들도 체계적으로 성장시켜야 한다. 시장의 니즈에 따라 자기계발을 해야만 한다. 젊은 학자들에게는 자기 분야를 벗어나 새롭게 도전할 기회를 주어야 한다. 특히 티칭을 위한 학습기회가 필요하다. 고등교육의 장점은 다양성, 개별성, 구체적 기여에 달려 있다. 이를 위해 개별교수의 강점과 기대치, 교육의 요구 양쪽 모두에 중점을 둔 체계적이고 방향설정이 잘된 인재개발계획을 만들어야 한다.

이를 위해 교수들도 교체를 해야만 한다. 기업을 비롯한 다른 직업은 오래전부터 직원 교체의 중요성을 인식했다. 지속적으로 변화하지 못하고 직급에 따른 역할을 하지 못하면 그만두어야 했다. 하지만 교수사회는 이를 거부했다.

변호사, 회계사, 컨설턴트 등은 35세가 되어 파트너가 되지 못하면 나가야 한다. 다른 사람으로 교체된다. 고객을 만족시키지 못하고, 고객 유치 능력도 부족하기 때문이다. 10년 후, 그들은 다시 한 번 그들의 능력을 검증받는다. 시니어파트너가 되지 못하는 사람은 가차없이 교체된다. 교수들도 이럴 필요가 있다.

오래전 쓴 드러커의 이 논문은 대학교수들에게는 큰 아픔일 것이다. 종신고용제를 없애고 계속 평가해서 내보낼 교수는 내보내고 새로운 피로 수혈해야 교수도 살고 대학도 산다는 것이 요지다. 이 말은 구구절절 맞지만 교수들 정서에는 맞지 않는다. 한국에서 이런 말을 하는 사람이 있으면 몰매를 맞을 것이다. 대학교수를 하는 가장 큰 이유와 배치되기 때문이다. 그렇게 공부를 많이 한 사람이 박봉을 견디는 유일한 이유는 안정 때문인데 그마저 내놓으라고 하니 교수들이 가만있을 것 같지는 않다.

하지만 난 드러커의 말에 동의하지 않을 수 없다. 고인 물은 썩고 물은 계속 흘러야 맑아지는데 지금의 방법으로는 더 이상 생존이 불투명하기 때문이다. 대학은 거대한 고용을 창출하고 있다. 거대한 비즈니스다. 그동안은 그런

대로 사업이 되어왔지만 더 이상은 아니다. 급변하는 시장에 맞춰 대학의 역할도 달라져야 한다. 교수의 역할과 자질도 변화해야 한다. 다양하게 활동하고 자신을 업그레이드해야 한다. 시간이 별로 없다. 죽을 것인가, 변할 것인가? 교수들이 답할 차례다.

학교의 '효율성' 찾기

교육 생산성이 낮다는 것은 교육자들이 그 책임을 다하지 못하고 있다는 증거다. 연구비가 부족하다는 변명만으로 책임을 면할 수는 없다. 교육자들은 무엇보다 교육성과에 책임을 져야만 한다. 그 책임을 성적이 좋지 않은 학생들에게 전가하는 것은 용납할 수 없다. 만일 제대로 배우지 못한 학생이 있다면 그것은 학생의 실패라기보다 학교의 실패다. 배움에 대한 의욕이 없는 학생이 있다면, 그것은 학교의 수치이자 교육자의 잘못이다.

지식사회에서 학교는 어떤 역할을 해야만 할까? 첫째, 모든 사람에게 수준 높은 기초교육을 제공해야만 한다.

둘째, 모든 사람에게 학습의욕을 불어넣어야 한다. 평생교육에 대한 필요성을 인식시켜야 한다. 셋째, 교육을 받지 못한 사람에게도 개방적이어야 한다. 넷째, 내용에 관련된 지식과 방법에 관련된 지식을 함께 제공해야 한다.

다섯째, 다른 기관과 동반관계로 일해야 한다. 더 이상 교육은 학교의 전유물이 아니다. 다른 기관과 함께 사회 전체로 스며들게 해야 한다. 모든 종류의 고용기관들은 배우는 기관이자 가르치는 기관이 되어야 한다. 여섯째, 교사는 학습 동기를 부여하고, 방향을 잡아주며, 용기를 주어야 한다. 리더이자 상담자가 되어야 한다. 이제 학교는 다른 학교와 경쟁하는 것이 아니라 비학교기관과 경쟁한다.

지식이 사회의 중심 자원이 되면서 학교는 두 가지 사회적 역할을 해야 한다. 지식 생산자의 역할과 유통업자의 역할이다. 무엇을 가르치고 무엇을 배울 것인가? 어떻게 가르치고 어떻게 배울 것인가? 학교의 교육대상은 누가 될 것이며, 학교의 사회적 위치는 어떻게 될 것인가?

시대흐름에 따라 학교의 역할도 달라져야 한다. 모두가 문맹인 시대에는 학교가 선구적 역할을 했다. 상록수에 나오는 계몽주의자는 모두 선생님들이다. 직업이 변변치 않았던 시대에는 고급인력이 대부분 학교로 몰렸고 이들 중 상당수는 나중에 대학교수로 진화 발전했다.

예전에는 사범대학이 최고의 경쟁률을 자랑했다. 하지만 지금은 아니다. 법대, 경영학과, 의대 등에 몰린다. 교육대학은 여전히 인기학과지만 최고의 인재들이 오지는 않는다. 우수한 사람 중에서 채용과 안정성을 추구하는 성향의 사람들이 온다. 드러커는 학교가 지식의 생산자 겸 유통자가 되어야 한다고 했는데 여러분 생각은 어떤가?

생산자의 자리도 유통자의 자리도 위협받고 있다. 교육이란 본질적으로 높은 곳에서 낮은 곳으로 흐른다. 남을 가르치려면 피나는 노력을 해야 한다. 대학은 졸업하기 위해 억지로 오는 곳이 아닌 정말 뭔가를 배우러 오는 곳이 되어야 한다. 현재의 시스템은 선생님이 되기는 어렵지만 일단 되고 나면 은퇴 후까지 평가를 받지 않는다. 평가가 있어도 유명무실하다. 잘하는 선생이나 못하는 선생이나 차등이 없다. 당연히 발전이 느리다. 교육은 경영의 무풍지대다. 경쟁도 없고, 평가도 없고, 퇴출도 없다. 학교가 제 위치를 찾기 위해서는 효과성과 효율성이란 잣대를 들이대야 한다.

상사란 **누구인가**

회사를 보고 들어왔다가 상사를 보고 나간다는 말이 있다. 그만큼 상사는 직장생활에서 큰 비중을 차지한다. 상사와의 관계를 원활하게만 할 수 있다면 직장만족도가 올라갈 것이다. 다음은 드러커 선생이 생각하는 상사의 전제조건이다.

첫째, 상사는 천재도 악마도 아니다. 상사도 똑같이 평범한 인간이라는 사실을 명심하고 그것에 맞게 행동하라. 감사할 일에는 감사하고 격려할 일이 있으면 격려하라. 진급했다면 이는 상사가 노력했기 때문이다. 당연하게 생각하면 안 된다. 감사함을 표현해 기분 나빠하는 상사는 없다.

은혜를 베풀었다고 생각하는데 아무 표시가 없으면 오히려 섭섭한 법이다. 상사도 나와 같은 인간이란 사실을 늘 명심해라.

둘째, 상사가 늘 자기 맘을 헤아리고 있을 것이란 착각을 하지 마라. 그러기는 쉽지 않다. 상사는 자기 일만으로도 머리가 아플 지경이다. 상사에 대해 너무 큰 기대를 하지 마라. 여러분 머릿속이 자신에 대한 걱정과 관심으로 가득 차 있는 것처럼 상사의 머릿속이나 시간도 자신의 일로 가득 차 있다. 왜 나를 위해 시간을 할애하지 않을까 하는 순진한 생각은 버려라.

셋째, 상사를 과소평가하지 마라. 과대평가는 용서받을 수 있다. 작은 실망으로 그치기 때문이다. 하지만 상사를 과소평가하다가는 어떤 보복을 당할지 모른다.

넷째, 상사를 변화시키려고 노력하지 마라. 인간은 쉽게 변하지 않는다. 소용없는 일이다. 상사를 변화시키는 데 성공한 직원이 있으면 소개해보라. 아내를 변화시킨 남편이 있으면 데리고 와보라.

기대가 크면 실망이 크다. 우리가 상사에게 실망하는 이유는 상사에 대한 정의가 잘못돼 있기 때문이다. 상사에

대해 지나치게 기대하기 때문이다. 상사는 누구일까? 상사
는 사람이다. 당신과 똑같은 사람이다. 그 사실을 잊지 마
라. 그게 가장 중요하다. 대인관계의 모든 원칙이 상사에게
도 그대로 적용된다. 당신이 섭섭해하는 것은 상사도 섭섭
해하고, 당신이 좋아하는 것은 상사도 역시 좋아한다. 그
래서 사소한 일에 감사함을 표시하는 것이 중요하다. 상사
가 내는 밥값, 진급, 명절 때 주는 선물, 고생했다고 하는
말 한마디, 수고했다는 메모 한 장 등, 이는 상사이기 때문
에 당연히 해야 하고, 나는 부하이기 때문에 당연히 받을
자격이 있는 것이 아니다.

우리는 상사에 대해 이상한 선입관을 갖고 있다. 다른
사람이 내게 잘하는 것에 대해서는 감사한 생각을 하지만
상사가 잘하는 것은 당연하다고 생각한다. 하지만 절대 그
렇지 않다. 상사에게는 더 감사해야 한다. 대인관계의 기
본은 주고받음이다. 주기만 하고 받지 못하면 오래 갈 수
없고, 받기만 하고 주지 않는 관계 역시 건강치 못한 것이
다. 상사와 부하직원의 관계도 그 범주를 벗어날 수 없다.
고마운 일은 고마워해야 하는 일이고, 섭섭한 일은 섭섭한
것이다.

하지만 상사라는 이유로 그들은 역차별을 당하기도 하고, 잘해주고도 감사하단 얘기조차 듣지 못하는 경우가 있다. 인간은 누구나 인정에 굶주려 있다. 당신처럼 당신의 상사 또한 인정에 목말라 하고 있다. "어제 저녁 사주셔서 고마워요. 당신 같은 분과 일을 하게 되어 내 인생이 정말 풍요로워졌어요. 나도 다음에 당신같이 멋진 상사가 되고 싶어요"라고 얘기해보라. 직장 분위기가 바뀌고 직장 생활의 질이 달라질 것이다.

상사를 다루는 법

물건을 팔기 위해서는 고객을 연구하고 부하직원 관리를 위해서는 직원을 관찰한다. 하지만 사람들은 상사에 대해서는 연구하지 않는다. 하지만 상사를 잘 관리하지 않으면 그 조직에서 성공하기 쉽지 않다. 드러커 선생이 얘기하는 상사 다루는 법이다.

첫째, 상사의 유형을 파악하라. 상사를 잘 다루기 위해서는 그 사람이 어떤 사람인지를 알아야 한다. 성격이 급하고 빠른 피드백을 원하는 사장이 있다. 그런 상사에게 상습적으로 늦게 보고서를 제출하는 것은 큰 잘못이다. 간단명료한 것을 좋아하는 상사에게 말을 길게 하면 안 된다. 루스벨트나 트루먼은 들으면서 깨닫는 스타일이다. 메모나 보고서로 전달하는 것보다 구두로 보고해야 한다. 반면 케네디나 아이젠하워는 보면서 깨닫는 형이다. 말보다는 문서로 전달해야 한다. 당신 상사는 어떤 형인가?

둘째, 자극해서는 안 되는 부분이 있다는 점을 알아라. 누구나 콤플렉스가 있다. 아킬레스의 건이 있다. 그것만큼은 건드리지 말아야 한다. 때로는 모른 척하고 넘어가야 한다. 그런 약점을 건드리면 어떤 화를 입을지 아무도 모른다. 당신 상사의 약점은 무엇인가?

셋째, 상사의 험담을 하지 마라. 그 사람 주변에 관한 애기도 가능한 삼가야 한다. 낮말은 새가 듣고 밤말은 쥐가 듣는 법이다. 당신이 한 험담은 반드시 상사에게 전달된다고 생각하라. 어떨 것 같은가?

넷째, 상사를 놀라게 하지 마라. 무엇을 하고 있는지, 무엇을 하고 싶은지, 어떤 일을 구상하고 있는지를 사전에 상사에게 말해야 한다. 그래야 오해도 사지 않고 치명적 오류도 범하지 않는다. 수평선에 구름이 조금이라도 끼면 우선 보고를 해라. 폭풍으로 변한 후 얘길 하면 너무 늦다. 그렇다고 일 년 내내 죽는소리를 하라는 것은 아니다.

다섯째, 신임을 얻은 후에 얘기하라. 누가 얘기하느냐에 따라 상사에게 먹히기도 하고 그렇지 않기도 한다. 신임이 없는 상태에서는 건설적인 얘기를 해도 상사가 이를 수용하지 않을 수 있다.

여섯째, 불가근불가원不可近不可遠이다. 상사와는 너무 거리를 두어도, 너무 가까이 있어도 안 된다. 오스트리아 격언 중 '임금님께는 두 번 부름을 받으면 가까이 가라'는 말이 있다. 지나치게 상사에게 가까이 가서는 안 된다는 것을 가르치는 말이다. 상사의 시간을 존중하라. 그도 바쁜 사람이다.

일곱째, 철저하게 준비하라. 상사를 위해서는 열 배의 시간을 투자하고 부하에게 일을 시킬 때는 두 배의 시간을 투자하라.

코스닥 기업을 운영하는 김 사장은 관리의 필요성을 절감한 후 대기업 출신인 박 상무를 영입했다. 매사에 비판적인 그는 시도 때도 없이 예전 회사와 지금의 회사를 비교하면서 무소불위로 회사를 비판했다. 출퇴근 시간이 엉망이다, 직원들 버릇이 없다, 경영이 너무 무계획적이고 즉흥적이다, 사장님이 혼자 모든 것을 다 결정한다 등등.

경영의 틀을 잡고자 영입한 사람이긴 하지만 처음부터 비판만을 일삼자 많은 사람들이 그를 외면하기 시작했고 그는 결국 그 회사를 떠났다. 상사관리에서의 핵심은 신뢰 획득이다. 이를 위해서는 무엇보다 철저한 준비가 필요하다. 상사의 콤플렉스나 실수에만 레이더를 세울 것이 아니라 상사가 할 수 있는 모든 질문에 대해 생각해보고 치밀하게 준비하는 것이 상사 경영의 핵심이다. 당신은 상사의 신뢰를 얻었는가?

상사를 **버릴 때**

아무리 상사를 연구하고 관찰하고 관리해도 한계는 존재한다. 더는 어떻게 해볼 수 없는 경우가 생긴다. 이럴 때는 상사를 떠나야 한다. 떠날 때 떠나지 못하면 시간을 낭비하고, 당신 자신도 같이 망가질 수 있다. 그렇다면 버려야 할 상사는 어떤 상사인가?

첫째, 청렴하지 못한 상사는 버려라. 만일 거기 계속 있으면 익숙해져 그런 일을 습관적으로 하게 된다. 그것은 재앙의 시작이다. 처음에는 양심에 걸려 하지 못했던 일도 시간이 지나면서 자연스럽게 할 수 있다. 나중에는 양심이 둔해져 불법인지 감방에 가는 일인지도 구분하지 못한다.

위험한 일이다. 그럴 때는 과감히 던지고 나와라.

둘째, 무능한 경우에도 버려라. 그를 통해 뭔가 배울 수 있어야 한다. 무능한 상사에게는 저렇게 되지는 말아야지 하는 것 외에 배울 게 없다. 배울 게 없으면 버려라. 단, 이 경우에도 상사를 과소평가하는 것은 주의해야 한다. 무능한 사람일수록 눈치가 빠르다. 자신을 무시하는 사람은 귀신같이 알고 보복을 하기 때문이다.

셋째, 지나치게 유능한 상사도 때를 봐서 떠나라. 유능한 상사 밑에서는 배울 게 많다. 하지만 워낙 상사가 유능하면 빛을 볼 기회가 없다. 평생 조수 노릇만 하면서 세월을 보낼 수 있다. 너무 큰 나무 밑에서는 작은 나무들이 자랄 수 없는 법이다.

상사와의 갈등 문제는 직장생활을 하는 모든 사람들의 초미의 관심사다. 사람들이 회사를 떠나는 이유의 70퍼센트가 상사와의 갈등 때문이다. 가족 다음으로 보내는 시간이 많고 생활에 큰 영향을 주는 것이 상사이기 때문에 그와 어떤 관계를 유지하느냐에 따라 삶의 질이 달라진다. 하지만 세상에 좋은 상사, 나쁜 상사를 구분하기는 쉽지 않다. 당시에는 나쁜 상사였다고 생각했지만 시간이 지나면서 좋은 상사로 여겨질 수도 있고, 반대의 경우도 생길 수 있기 때문이다.

내 경우는 나쁜 상사를 많이 모신 편이다. 리더십이라곤 약에 쓰려 해도 쓸 수 없는 사람도 있었고, 말 한마디로 기분을 확 상하게 하는 상사도 있었으며, 자신의 개인적인 일까지 내게 시키는 공사를 구분하지 못하는 상사도 있었다. 중요한 것은 그때마다 상사를 떠날 수는 없다는 사실이다. 모시기 힘든 상사를 모실 때는 이렇게 나를 위로했다. "내가 저런 상사 밑에서 생존할 수 있다면 세상 누구와도 좋은 관계를 유지할 것이다."

공사를 구분하지 못한 상사는 자신을 대신해 사보에 글을 쓸 것을 요구했다. 정말 말이 안 되는 요구였지만 덕분에 나는 글쓰기란 새로운 분야에 도전했고 저자로 성공했다. 만약 그때 상사의 부당한 지시가 없었다면 내게 숨어 있는 글쓰기 재능은 빛을 보지 못했을 것이다. 높은 기대를 가진 상사를 만족시키기 위해 나는 일하는 수준을 높여야만 했다.

무엇보다 좋은 상사에 대한 나름의 정의를 내리는 것이 중요하다. 내가 생각하는 좋은 상사는 '높은 기대수준을 갖고, 새로운 기회를 주며, 끊임없는 피드백으로 건강한 자극을 주고, 뭔가 배울 것이 있는 상사'다.

상사에 대해 가장 위험한 것은 완벽한 상사에 대한 기대다. 성인군자처럼 인간적이면서, 일도 잘하고, 인물도 좋고 성격도 좋으며 모든 것을 갖춘 상사에 대한 기대다. 하지만 세상에 그런 사람은 없다. 당신 또한 그런 사람이 아니다. 상사가 여러분에게 무언가 해주기를 기대하는 대신 당신이 상사를 위해 무엇을 할 것인가를 생각하라. 내가 여러분에게 해주고 싶은 얘기다.

재산권으로서의 **직업**

　역사적으로 세 종류의 재산이 존재한다. 토지와 부동산 같은 실제 재산, 돈·장비·비품·개인소유물 같은 개인 재산, 저작권 특허 같은 무형재산 등이 그것이다. 그런데 네 번째 재산이 등장했다. 바로 재산으로서의 직장이다.

　일본 정부나 대기업에서 일하는 대부분의 남성은 종신고용의 혜택을 받고 있다. 실제 기업이 파산하는 경우에도 모든 것보다 종업원이 우선이다. 유럽에서는 직원을 쉽게 해고할 수 없다. 정리해고에 따른 보상비용을 지급해야만 가능하다. 스페인과 벨기에 같은 일부 국가에서의 이 비용은 노동자로서 평생 근무하는 나머지 전체 급여와 맞먹는

액수다. 미국의 평등고용법안은 소수인종, 여성, 장애인, 노인, 승진기회, 교육, 직업안정성, 권리문제의 직업접근방식을 포함한다.

정당한 이유 없이 직원을 해고하는 것은 점점 힘들어진다. 직원을 해고할 경우 다른 직업에 대한 알선책임까지 져야 한다. 직장이 일종의 재산권으로 다루어지고 있는 것이다.

토지 소유의 역사가 입증하듯, 소유는 경직성과 유동성의 위험을 수반한다. 벨기에의 구조조정에 따른 보상시스템은 종업원의 해고를 막을 수 있다. 하지만 이 때문에 정말 필요한 직원 채용을 할 수 없다. 결과적으로 원래 목적과는 달리 더 높은 실업을 초래한다. 종신고용이 노동집약 산업에서 지식기반 산업으로 탈바꿈하려는 일본의 필요한 변화를 가로막는 것도 비슷한 논리다.

어떻게 하면 새로운 변화에 유연하게 적응할 수 있을까? 고용주들은 일자리가 재산권의 특성을 갖고 있어 정당한 절차 없이 뺏거나 해고할 수 없다는 점을 인식해야 한다. 고용, 해고, 승진 등은 미리 예측 가능하고 객관적이어야 한다. 그렇지 않으면 비판을 받을 것이다. 나이 많고 일하기

적합하지 않은 사람조차 해고하기 위해서는 기업은 모든 직원에 대한 객관적 성과기준과 체계적 인사절차를 만들어야 한다. 보상 없는 몰수는 쉽지 않다. 구조조정에 대한 책임을 져야 한다. 해고가 예상되는 사람을 재훈련시키고 이들에게 새로운 직업을 알선하는 것 등이 그것이다.

뽑기도 어렵지만 자르기는 더욱 어렵다는 말을 많이 한다. 원래는 종업원 보호를 위해 만든 제도지만 결과적으로 종업원의 채용을 더욱 어렵게 하면서 인사의 유연성을 해치고 있다. 사람들 입장에서는 들어가기가 어렵다 보니 웬만해서는 그 조직에 붙어 있으려 한다. 발전이나 변화보다는 안정을 택하게 된다. 이게 세태다.

무엇보다 드러커의 재산권으로서의 직업이란 말이 새롭다. 충격적이다. 한 번도 이런 생각을 해본 적이 없다. 하지만 이 말을 듣는 순간 '정말 그렇다'란 생각이 들었다. 옳고 그름을 떠나 현재 세상은 그런 식으로 돌아간다.

세습은 북한에서만 일어나는 것이 아니다. 거의 모든 대기업과 중소기업에서 일어난다. 아버지가 회장이면 별일이 없는 한 자식도 회장이 된다. 아버지가 대기업 임원이면 자식은 웬만하면 그 회사에 취직이 된다. 심지어 대기업 노조는 자식에게 노골적으로 가산점을 줄 것을 요구한다. 여기에 대한 해법은 유보하고자 한다. 이런 보편적 현상을 알고 거기에 현명하게 대처해야만 한다는 사실만을 말한다.

타이어 다시 **갈아 끼우기**

   수명은 점점 길어지는데 은퇴는 빨라지고 있다. 대기업은 평균 55세에서 58세를 은퇴연령으로 규정하고 있다. 금융권 일부와 연구기관은 60세, 교수와 선생 같은 직업은 65세면 옷을 벗고 나와야 한다. 한창 일할 나이에 일이 없다는 것은 본인에게도 가족에게도 비극이다. 또 사회적으로 부양을 해야 하는 정부로서도 보통 큰 문제가 아닐 수 없다.

   드러커가 1977년도에 쓴 은퇴에 관한 논문을 보면 흥미로운 사실을 알 수 있다. 1910년도 미국에서는 65세 이상의 3분의 2가 일을 했다. 미국은 65세가 은퇴연령인 것 같다. 65세 강제 정년퇴직은 죽음과 같다. 빠른 시간 내에 정년퇴직 제도는 사라질 것이다. 65세에 일을 그만두는 것은 시대착오다. 이 제도는 백 년 전 독일의 비스마르크가 만들었고 이후 1차 세계대전을 거치면서 각국이 도입했다.

처음에 은퇴는 노인을 보호하기 위해 만들어졌다. 나이 들어서도 일을 하는 노인을 보호하자는 것이다. 당시 65세는 지금 나이로는 75세쯤에 해당한다. 은퇴는 건강하고 활기 넘치는 수많은 사람을 쓸모없게 만든다. 그들은 기존 관행에 반기를 들 것이고 많은 사람들은 이미 성공을 거두었다. 65세 이상 인구는 전체 인구의 10퍼센트, 노동인구의 20퍼센트를 차지하고 있다.

조기 은퇴는 사회보장계획에 큰 부담을 준다. 1935년 처음 이 제도가 나왔을 때 65세 이상 인구 10명 중 9명은 노동인구에 포함되었다. 1977년에는 4명 중 3명으로 비율이 내려갔고, 1980년에는 2.5명 중 1명까지 떨어졌다. 정년을 65세로 고수한다면, 모든 노동자 임금 중 40퍼센트 이상을 은퇴한 노인을 위해 써야만 한다. 20세기가 끝나기 전 그 비율은 50퍼센트까지 올라갈 것이다.

이미 정해진 은퇴연령을 변화시키거나 폐지하는 것을

정치적, 경제적으로 피할 수는 없다. 하지만 이는 다른 문제를 만들 것이다. 이성적으로 다루지 않으면 경제 전반에 큰 부담을 안겨줄 것이다. 우선 고용 유동성을 경직시킨다. 심각한 노동문제를 초래할 수도 있다. 은퇴연령을 연장해도 현재의 사회보장제도를 구하지는 못할 것이다. 우리가 할 수 있는 것은 더 이상 나빠지는 것을 막는 것뿐이다. 이를 위해서는 일하는 사람과 연금에 의존하는 사람 간 비율을 3대 1로 유지하거나, 가능한 10년 전 비율인 2.5대 1로 복귀시켜야 한다.

은퇴 문제에 대해 함부로 왈가왈부하긴 어렵다. 너무 복잡한 변수가 얽혀 있기 때문이다. 늦은 나이까지 일을 하게 하자니 젊은이들의 취업이 더 큰 문제라는 생각이 들고, 지금처럼 조기에 아웃시키면 일하는 사람들의 부담이 너무 커진다. 젊은이 한 사람이 노인 두 사람을 봉양하는 일이 현실화될 수도 있다.

두 가지 측면이 있는 것 같다. 제도적 측면과 개인적 측면이 있는데 아무리 국가적으로 잘해줘도 결국 은퇴를 결정하고 은퇴 후의 삶을 결정하는 것은 개인의 몫이다. 사람마다 모두 다를 수밖에 없다. 평생 일에 시달린 사람이라면 완전히 일을 놓는 것이 답이다. 지금과는 다른 일을 하고 싶은 사람에게는 다른 일을 해보는 것이 기쁨일 것이다. 하지만 일은 하고 싶지 않지만 노후준비가 안 된 사람은 어떻게 해서든 일을 해야만 한다.

모두 다르지만 확실한 한 가지 사실은 있다. 은퇴 후에 무슨 일을 하면서 살 것인가는 현직에 있을 때부터 생각하고 미리미리 준비해야 한다는 사실이다. 건강을 챙기는 일도 그렇고, 새로운 일에 대비해 공부를 하는 것도 그렇고, 또 다른 삶을 위해 사람을 사귀어두는 것도 그렇다. 중요한 것은 은퇴에 대한 새로운 정의다. 나는 타이어tire를 다시 갈아re 끼우라는 의미의 retire란 단어가 참으로 맘에 든다. 여러분 타이어는 어떤가? 혹시 스노타이어를 끼우고 봄을 맞이하는 건 아닌가?

은퇴 문제에 정답은 없다

은퇴 나이를 없애는 것은 간단한 문제가 아니다. 일찍 은퇴를 원하는 사람도 있을 수 있다. 은퇴한 사람과 은퇴를 거부하고 일을 하려는 사람 사이의 형평성도 고려해야 한다. 이런 질문이 필요하다. 은퇴를 연기한 사람에게는 어떤 혜택이 있어야 할까? 그들의 연공서열은 계속 유지되어야 할까? 은퇴 나이가 지난 후에는 임시직으로 일하게끔 보장한 일본 시스템을 받아들여야 할까? 일본에서 이런 사람들은 승진이나 상급자로서 권리를 가질 수 없다. 그렇다면 아무 혜택이 없는 상황에서 이들이 일을 계속할 것인가?

은퇴를 원하는 사람들도 많다. 무엇보다 이들은 자유로운 시간을 원한다. 일이 중요하긴 하지만 회사생활에 묶여 가고 싶은 곳을 가지 못했다고 하소연하는 사람이 많다. 이런 사람들에게는 은퇴 후 6개월 동안 충분한 휴식을 준 후 복귀하는 정책도 생각해볼 수 있다. 하지만 그들이 연장자, 승진권한, 보장혜택, 무엇보다 연금수령에서 신규 직원 수준으로 대우받아야 하는가는 생각해봐야 한다.

은퇴연령 폐지는 어떤 결과를 가져올까? 노동력 부족 문제는 해결할 수 있다. 하지만 육체적으로 정신적으로 적합한 사람의 수는 충분치 않다. 또 건강한 사람일수록 빨리 은퇴해 연금 탈 날만을 기다리고 있을 수도 있다. 제2의 커리어를 생각하고 있는 사람도 있다. 그들에게는 성공적인 제2의 삶을 살 수 있도록 체계적인 도움을 주어야 한다. 이런 조직적이고 체계적인 노력 없이 은퇴연령을 폐지하는 것은 심각한 문제를 가져올 것이다.

노동자와 경영자들은 어둠 속에서는 65세 나이를 넘어 일할 사람은 거의 없을 것이라고 속삭이고 있다. 퇴직연령을 넘어 일하고 싶어 하는 사람이 많은지, 그렇지 않은지에 대해서도 논란이 많다. 65세를 넘어 직장에 머물려는 사람이 적다 해도 이 문제를 우선적으로 고려해야 한다. 미래의 삶과 직장은 65세를 기점으로 다시 시작한다는 것을 받아들여야 한다. 여러분은 은퇴에 대해 어떻게 생각하는가? 일찍 은퇴해 마음껏 쉬고 싶은가, 아니면 죽을 때까지 일을 하면서 살고 싶은가? 여러분이 고용주라면 이 문제를 어떻게 다루고 싶은가?

노인들이 늦게까지 일하는 것이 안타까워 만든 은퇴라는 제도가 오히려 노인들을 힘들게 한다는 사실이 모순처럼 보인다. 수명이 이렇게까지 길어질 줄은 아무도 몰랐기 때문이다. 은퇴 문제를 단숨에 해결하는 유일한 방법은 수명이 짧아지는 것이지만 현실성이 전혀 없다. 인류는 처음으로 이렇게 오래 사는 걸 경험하는 것이다. 방법은 오래 사는 것에 맞춰 우리 자신을 진화 발전시키는 수밖에 없다.

방법은 다 다를 수밖에 없다. 어떤 친구들은 귀농을 하거나 자연을 찾아 움직인다. 어떤 친구는 방구석에 틀어박혀 꼼짝도 하지 않는다. 어떤 친구들은 현직 때보다 더 바쁘게 움직이면서 '백수가 과로사한다'고 외친다. 어떤 친구는 제2의 직업을 찾아 활동한다. 내 경우는 일찌감치 독립을 해서 글을 쓰고 강의를 다닌다.

인생에 정답은 없다. 이런 문제는 아무리 정부가 나서도 한계가 있을 수밖에 없다. 어차피 각자 답을 찾아야 한다. 잘만 준비하면 은퇴 후에 더 멋진 삶을 살 수 있다. 양육이나 가계의 부담에서 벗어나 지금부터 온전히 나의 인생을 살 수도 있다. 그건 개인의 선택이고 준비다.

나만의 주특기
'지식Knowledge'

당신은 지식근로자인가?
자신만의 전문성과 브랜드를 갖고 있는가?
전문성을 높이기 위해 꾸준히 학습하고 있는가?
당신이 나갈까봐 상사가 전전긍긍하는가 아니면
구조조정 얘기만 나오면 오금이 저리는가?
남들과는 다른 자신만의 뚜렷한 주특기가 있어야 한다.
자신의 지식을 성과로 연결할 수 있어야 한다.
당신은 어떠한가?

당신은 지식근로자인가?
전문성과 브랜드를 갖고 있는가?
자신의 지식을 성과로
연결할 수 있어야 한다.
당신은 어떠한가?

지식사회의 **도래**

과거에는 토지, 자본이 기업 최대의 자산이었다. 하지만 요즘은 사람들이 최고 자산이다. 마이크로소프트 같은 회사는 매일 모든 자본이 출근했다 저녁이면 빠져나간다. 사람들이 다음 날 출근하지 않으면 그 회사는 없는 것과 같다. 지식근로자는 머릿속에 공장을 지고 다닌다. 회사가 마음에 들지 않으면 다른 곳으로 이동한다. 제2차 세계대전 이후 제정된 제대군인 원호법GI Bill of Rights은 귀환하는 모든 제대 군인들에게 대학 진학 기회를 제공함으로써 대학 교육을 하나의 규범으로 받아들이도록 했다. 지식사회의 시작이다.

지식사회는 국경이 없다. 지식은 돈보다 훨씬 쉽게 돌아다닌다. 상승 이동이 쉽다. 누구나 손쉽게 정규 교육을 받을 수 있다. 그런데 상승 이동은 높은 대가를 치러야 한다. 치열한 경쟁 도중 느끼는 심리적 압박과 정신적 상처가 그것이다. 세습은 불가능하다. 성공뿐 아니라 실패 가능성도 높다. 누구나 생산수단, 즉 직무 수행에 필요한 지식을 획득할 수 있기 때문이다. 하지만 그렇다고 모두가 승리하는 것은 아니다. 지식근로자들은 새로운 자본가들이다. 지식근로자들은 자신의 서비스를 사고 있는 고용주들과 동등한 사람으로 인식되고 있다. 가난한 사람이나 부자나 교육에 목숨을 거는 것은 본능적으로 미래에는 지식을 가진 사람이 승리한다는 사실을 알기 때문이다.

지식근로자가 되기 위해서는 자신을 근로자가 아닌 전문가로 인식해야 한다. 정규교육은 기본이고 플러스 평생교육을 받아야 한다. 전통사회에서는 일류학교를 나오거나 면허증만 받으면 평생이 보장되었다. 하지만 지식사회는 그렇지 않다. 지식근로자를 위한 평생교육은 미래의 가장 큰 성장산업이다. 지식근로자는 이동성과 자신감이 높다. 자신이 속한 집단에 충성을 보이지만 그보다는 자기 분야에 더 큰 관심을 둔다. 지식근로자는 일을 인생 자체로 본다. 그들은 자원봉사자처럼 일하고 대접받고 싶어 한다.

당신은 지식근로자인가? 자신만의 전문성과 브랜드를 갖고 있는가? 당신의 일을 대체할 만한 사람은 있는가? 계속해서 전문성을 높이기 위해 학습하고 있는가? 당신이 나갈까봐 상사가 전전긍긍하는가? 구조조정 얘기만 나오면 오금이 저리는 건 아닌가? 직장을 다니는 누구나 이런 질문을 던져야 한다. 누구도 이 질문으로부터 자유롭지 못하다.

수많은 사람들이 젊은 나이에 명예퇴직이란 이름으로 명예롭지 못하게 조직을 나온다. 여러 이유가 있지만 가장 큰 이유는 조직에서 효용성을 인정받지 못했기 때문이다. 이로 인해 대부분 큰 충격을 받거나 분노를 느낀다. 평생을 일한 내게 어떻게 이럴 수 있느냐고 따지기도 한다. 하지만 갑자기 이런 일이 일어난 건 아니다. 서서히 자신의 효용성이 떨어지고 있었지만 본인만 의식하지 못했을 뿐이다.

학생 시절에는 모의고사란 제도를 통해 수시로 자신의 현재 상태를 알 수 있었다. 매일 밑바닥을 헤매던 사람은 스카이대학에 들어갈 생각도 하지 않고 설령 떨어져도 충격을 받지 않는다. 이미 자신이 어떤 사람인지 알 수 있기 때문이다. 하지만 사회에 들어서는 순간 확인할 방법이 사라진다. 자신의 현재 몸값이 얼마인지, 월급만큼 일은 하는지, 밖에 나가면 더 받을 수 있는지, 무얼 잘하고 못하는지, 어떻게 해야 효과적으로 일할 수 있는지 등등.

확인 방법이 없다는 건 추락해서 밑바닥이 드러날 때까지 주제파악을 못하고 살 수 있다는 걸 의미한다. 지식의 시대에 살고 있는 우리는 스스로 학습하는 방법을 깨달아야 한다. 남들과는 다른 자신만의 뚜렷한 주특기가 있어야 한다. 자신의 지식을 성과로 연결할 수 있어야 한다. 당신은 어떠한가?

지식을 **업그레이드하라**

"지식은 배우고 가르치고 나누면서 시너지를 낳는다. 혼자만 알고 있는 지식보다는 나누고 영향을 끼치는 것이 지식본연의 임무다." 드러커의 말이다. 유대인들은 자신에 대한 가장 큰 투자를 교육으로 생각한다. 다른 것은 다 잃을 수 있지만 머릿속 지식은 도둑맞을 염려도 없고, 상할 가능성도 없기 때문이다.

우리는 지식의 시대에 살고 있다. 예전에는 토지와 자본이 부를 만들었지만 앞으로는 지식이 부를 창출한다. 가진 자와 못 가진 자로 나뉜 세상도 지식을 가진 자와 지식을 못 가진 자로 나뉜다. 예전에는 지식 가진 사람이 가난

했지만 미래에는 지식 가진 자가 부富까지도 갖는다. 토지와 자본 같은 눈에 보이는 자산은 세습이 가능하지만 지식은 세습이 불가능하다. 지식은 자신의 노력으로만 획득할 수 있다. 또 평생 학습을 해야만 한다.

주기적으로 업그레이드를 잘하는 것이 지식사회의 새로운 화두다. 이를 위해서는 나름대로의 지식 업그레이드 방법을 가져야 한다. 지식의 선순환 사이클을 만들어야 한다. 지식을 섭취하고, 소화하고, 배설하는 프로세스를 갖추어야 한다. 이는 따로 구분할 수 없다. 서로가 서로에게 영향을 끼치고 도움을 주고받기 때문이다. 자극을 받음으로써 지식을 얻고, 그 지식에 과거 사례가 연결된다. 그런 경험과 깨달음을 다른 사람들에게 나누어줌으로써 다른 사람도 자극을 받아 자기 생각을 펼치고 그 생각을 내게 피드백한다.

그렇게 함으로써 다시 나도 업그레이드된다. 늘 호기심을 가지고 세상을 보는 것, 모든 것에서 배우는 것, 배운 지식과 경험을 주기적으로 정리하고 주변과 나누고 피드백을 받는 것, 이것이 지식의 신진대사이고 이런 행위를 통해 우리는 새로워질 수 있다. 그런데 전문가의 오류를 조심해야 한다. 숲 안에서는 숲이 보이지 않는다. 한 단계 높이 오르기 위해서는 숲에서 나와 숲을 볼 수 있어야 한다. 운동장에서 경기하는 사람은 경기의 전체 흐름을 읽을 수 없다.

한 분야의 대가가 된다는 것은 한 분야만을 공부하는 것을 뜻하지 않는다. 땅을 깊게 파려면 넓게 파야 하듯 깊게 파기 위해서는 내 분야만이 아닌 다른 분야에 대해 관심을 갖고 배우려고 노력해야 한다. 다른 분야 사람들과 얘기를 나누다 보면 의외로 내가 하는 일에 대한 새로운 아이디어나 시상이 떠오르는 경우가 많다. 잡종 강세는 그런 의미에서 진리다. 비슷한 사람들끼리의 교류 못지않게 다른 사람들과의 폭넓은 교류는 자기 발전을 위해 중요한 요소다. 지식 혁명은 다른 지식과의 만남을 통해 이루어진다.

"지식근로자는 머릿속에 공장을 갖고 다닌다. 맘에 들지 않으면 공장을 들고 나가면 된다." 이 말을 처음 들었을 때 가슴이 뛰었다. 한편 머릿속 공장이 후지면 들고 나갈 것도 없겠구나, 어떻게 하면 멋진 공장을 머릿속에 만들 것인가라는 질문을 던지게 됐다. 이런 질문을 하게 되면 생활이 달라진다. 호기심의 촉이 살아나는 것을 느낄 수 있다. 늘 왜 이 일을 할까, 다른 방법은 없을까, 이 문제를 어떻게 해결할 수 있을까 고민하게 된다.

그 과정에서 자신의 무지를 절감하고 공부하게 된다. 열심히 책을 읽고, 신문도 읽고, 고수들에게 자꾸 질문하게 된다. 깨달은 걸 자꾸 다른 사람에게 얘기하는 나 자신을 발견하게 된다. "미래에 가장 힘 있는 사람은 지식을 다른 사람에게 전달할 수 있는 사람이다." 톰 피터스의 말이다. 당신은 현재 어떤 상태인가?

지식근로자의 **생산성**

지식근로자를 잘 대접해야 한다. 영국이 쇠퇴한 이유는 기술자를 대우하지 않았기 때문이다. 지식근로자에게 매력을 제공할 수 있는 기업이 되어야 한다. 물질적 야망뿐 아니라 가치관을 충족시키고 사회적 인정을 받을 수 있도록 만들어져야 한다. 지식근로자 스스로 생산성을 측정할 수 있어야 한다. 이를 위해서는 다음 질문을 던져보라. 자신의 강점은 무엇이고, 그것을 강화하기 위해 어떤 노력을 기울이고 있는가? 무엇을 할 수 있는가? 직무 수행을 위해 필요한 정보는 무엇이며, 이미 보유한 정보는 무엇인가?

생산성을 올리기 위해서는 우선, 내 과업이 무엇인지를

분명히 해야 한다. 육체노동은 무엇을 해야 할지 명확하다. 하지만 지식노동은 그렇지 못하다. 스스로 할 일을 찾고 목표를 명확히 해야 한다. 이를 위해서는 다음 질문을 던져야 한다. 현재 내 과업은 무엇인가? 앞으로 무엇이어야 하는가? 기여할 것은 무엇인가? 과업 수행에 방해가 되는 것은 무엇인가? 과업이 명확하면 대응하는 것은 쉽다. 생산성에 대한 책임도 스스로 져야 한다. 지속적으로 혁신을 추구해야 한다. 계속 학습하고 지속적으로 교육받아야한다. 양보다 질이 우선이란 사실을 인식해야 한다. 지식근로자는 비용이 아닌 자본재로 인식해야 한다.

지식은 누구나 창출할 수 있다. 많이 배운 사람이 지식인이란 생각을 버려야 한다. 당신이 가진 지식을 측량해보라. 측량하는 최선의 방법 중 하나가 자신의 지식을 글로쓰고 쓴 글을 묶어 책으로 내는 일이다. 많은 사람들이 자신의 경험과 지식을 과대평가하고 있다. 자신의 경험을 묶으면 책 몇 권이 나올 거라고 얘기한다. 하지만 직접 써보라. 한 챕터도 안 된다는 사실을 발견할 것이다. 책을 쓰면좋은 점이 있다. 자신이 얼마나 무지한가를 뼈저리게 깨달을 수 있다. 이게 지식근로자가 되는 첫걸음이다.

자신만이 공헌할 수 있는 분야를 찾아라. 현재 하고 있는 일이나 취미생활 같은 분야에서 성공할 확률이 가장 높다. 물론 완전 다른 분야가 될 수도 있다. 여러 사람들과 교류하라. 같은 분야 사람과의 교류 못지않게 다른 분야 사람들과의 교류가 중요하다. 지식은 지적충돌intellectual exchange을 통해 발전한다. 이업종교류회 같은 것을 하면 많은 걸 배울 수 있다. 업종이 다른 분야의 사람끼리는 경쟁하지 않기 때문에 의외로 자신만의 노하우를 쉽게 공유하려 한다. 그게 장점이다. 내 분야의 일만 하다 보면 의외로 시야가 좁아지는데 이를 보완하는 것이 다른 분야 사람들과의 교류다. 숲을 보려면 숲을 벗어나보아야 하는 것과 같은 이치다.

지식을 나누어라. 배우는 최선의 방법은 가르쳐보는 것이고 아는 것에 대해 얘기해주는 것이다. 지식은 촛불과 같다. 남에게 준다고 내 촛불이 꺼지는 건 아니다. 자꾸 얘기하다 보면 내 지식이 다듬어지는 걸 알 수 있다. 내 얘기에 대한 다른 사람의 피드백을 통해 새로운 깨달음도 얻을 수 있다. 혼자만의 지식은 발전하지 못한다. 상하기 쉽다. 자꾸 떠들고 나눌 수 있어야 한다. 분명한 어젠다를 갖고 공부하라. 막연하게 책을 읽으면 쉽게 지루해진다. 진도도 나가지 않는다.

난 책을 살 때도 어젠다를 갖고 기획독서를 한다. 불교 공부할 때는 불교책을 집중적으로 사서 읽는다. 짧은 시간 안에 지식이 대폭 증가하는 걸 느낄 수 있다. 배우는 기쁨을 아는 것이 필수적이다. 억지로 하는 공부, 먹고살기 위해 하는 공부는 한계가 있다. 공부하는 기쁨을 알면 인생 자체가 빛날 수 있다. 공부하는 기쁨은 그 무엇과도 비교할 수 없는 큰 기쁨이다.

생산성, 양과 질의 충돌

    자원을 획득하고 활용하는 것은 기업 활동의 첫 번째 단계다. 이 자원들의 생산성을 향상시키는 것이 기업의 중요한 과제다. 그러므로 모든 기업은 세 가지 주요 자원인 토지, 노동, 자본 각각에 대한 생산성 목표와 더불어 기업의 전반적인 생산성 목표를 설정해야 한다. 대부분 동일업계 간 격차는 모든 계층에서의 경영의 질적 수준 때문이다. 경영의 질적 수준을 측정하는 첫 번째 척도는 바로 생산성이다. 자원의 투입 대비 산출 비율이다.

    생산성의 지속적 향상은 경영자의 가장 중요한 과업이다. 생산성을 높이기 위해서는 여러 요소들 간에 균형을 이루어야 하는데 그 요소들을 정의하고 측정하는 것이 매우 어렵다. 지식노동의 생산성 향상을 위해서는 다음 사항을 유의해야 한다.

첫째, 일의 목적을 분명히 해야 한다. 육체노동은 무엇을 해야 할지 명확하다. 하지만 지식노동은 그렇지 않다. 스스로 할 일을 찾고 목표를 명확히 해야 한다. 이를 위해 내 과업은 무엇인지, 무엇이어야 하는지, 기여할 것은 무엇인지, 과제수행에 방해가 되는 것은 무엇인지 등의 질문을 던질 수 있어야 한다. 일단 과업이 명확하면 대응은 쉽다.

둘째, 생산성에 대한 책임을 스스로 져야 한다.

셋째, 지속적으로 혁신을 추구해야 한다.

넷째, 계속적으로 학습하고 지속적으로 교육해야 한다.

다섯째, 양보다 질이 문제라는 것을 인식해야 한다.

여섯째, 지식근로자를 비용이 아닌 자본재로 인식해야 한다.

당신의 생산성은 어떤가라는 질문을 받으면 어떻게 답하겠는가? 이런 질문을 받으면 난 "무엇으로 측정할 건데?"라고 되물을 것이다. 측정할 수 있으면 개선할 수 있다. 목적에 따라 측정치는 달라진다. 글을 쓰고 강의를 하는 나

같은 사람은 영향력이 중요한 지표다. 얼마나 긍정적인 영향력을 끼쳤느냐를 생각한다. 측정치는 쓴 글이나 책, 강연 혹은 방송 횟수 등이 될 수 있다.

이 글을 쓰는 지금 책은 스무 권쯤, 번역은 삼십 권쯤, 일 년 평균 강의 횟수는 200회쯤 된다. 지난 10년간 내 성적표다. 예전에는 일년에 한 권 정도 책을 썼는데 지금은 세 권 정도 쓰는 것 같다. 생산성 측면에서는 예전보다 나아진 것을 느낄 수 있다. 교수들의 경우는 발표논문 수 혹은 논문의 인용 횟수가 될 것이다. 제안서를 써서 프로젝트를 수주하는 사람의 경우는 제안서를 쓴 숫자와 승리를 거둔 회수가 될 수 있다.

난 드러커 얘기에 두 가지를 덧붙이고 싶다. 양보다 질이라는 말에는 동의하지 않는다. 일정 품질이 나오기 위해서는 일정한 양이 필요하다는 말이다. 이른바 양질전환의 법칙이다. 다른 하나는 지적충돌이다. 혼자서 면벽수도하면서 도를 깨우치던 시대는 지났다. 지금의 시대는 전문가들끼리 교류하면서 서로 자극을 받아 지평을 넓혀가야 한다. 이를 잘해야 지식근로자의 생산성이 올라간다. 여러분 각자의 생산성은 어떤가? 여러분 회사의 생산성은 어떤가?

비자발적 실업,
강사와 기자

함부르크에서 무역회사 사원 겸 학생으로 2년을 보낸 후 드러커는 1929년 1월에 프랑크푸르트로 온다. 미국투자 은행의 프랑크푸르트 지점에서 근무하게 되었기 때문이다. 짧은 기간이지만 많은 것을 배웠다. 지점장에게 궁금한 것을 물어보면 지점장은 이렇게 말했다. "그 문제에 대해 자네가 직접 찾아보게. 참고가 될 만한 조사가 끝나기 전에는 물어보지 말게." 드러커는 스스로 자료를 찾아야 했고 그 과정에서 많은 것을 배울 수 있었다. 지점장은 개개인을 살펴보고 그가 무엇을 해야 하는지 파악한 뒤 그 사람의 능력 이상의 것을 요구했다. 또 요구수준을 점점 높였다.

그때 드러커는 '사람들을 각자의 강점을 고려해 각각 다르게 대우하라'는 사실을 깨닫는다. 이 시절 그는 증권분석 일을 하면서 경제학 논문도 두 편 쓴다. 하지만 1929년 대공황 사건으로 이 지점은 문을 닫는다. 비자발적으로 실업자가 된 것이다. 덕분에 신문기자가 되는 기회를 가진다. 프랑크푸르트 게네랄안차이거란 신문사다. 그는 해외 및 경제뉴스 기자로 일하게 된다. 2시 반에 일이 끝나면 혼자서 국제관계와 국제법, 사회제도와 법률, 세계역사와 금융을 혼자 공부했다. 자신만의 독특한 공부법을 개발한다. 이후 습관이 되어 3, 4년마다 새로운 주제에 도전해 공부를 했다. 일을 하면서 프랑크푸르트 대학에서 법학박사 학위를 취득한다. 참으로 열심히 산 사람이다.

이후 그는 영국의 머천트 뱅크에서 일하게 된다. 여기서도 그는 여러 가지를 배운다. 그의 사장은 드러커가 업무가 바뀐 후에도 동일한 스타일로 일을 하는 것을 보고 다음과 같이 꾸짖는다. "나는 자네가 보험회사의 증권분석사로서는 일을 썩 잘한 것을 알고 있네. 그러나 만약 자네가 증권분석업무를 계속 하길 바랐다면 그 자리에 계속 있도록 했을 것이네. 지금의 자리에서 무엇을 해야만 한다고 생각하나? 새로운 직무에서 효과적인 사람이 되려면 무엇을 해야 한다고 생각하나?"

이 사건으로 그는 직급에 따라 역할이 달라져야 한다는 사실을 깨닫는다. 그는 배우는 능력이 뛰어나다. 별 볼 일 없어 보이는 사건 속에서 교훈을 찾아내 그것을 자기 것으로 체득하는 능력이 뛰어났다. 그런 것들이 모이고 모여 오늘날의 드러커를 만든 것이다.

그가 위대한 인물이 된 건 좋은 대학을 나왔기 때문만은 아니다. 스스로 학습하는 방법을 깨달았고 이를 실천했기 때문이다. 그가 살았던 시대는 혼란스러웠다. 자신의 의지보다는 시대상황이 그를 몰고 갔다. 오스트리아에서 독일로, 독일에서 영국으로, 영국에서 다시 미국으로 사는 곳을 바꾼다. 직업도 바꾼다. 증권분석가에서 신문기자로, 신문기자에서 은행원으로, 은행원에서 교수로. 의도적인 것도 있지만 그렇지 않은 것도 있다.

중요한 것은, 그는 모든 것에서 배운다는 점이다. 상사로부터도 많은 걸 배웠다. 보통 사람 같으면 잔소리라고 생각하는 사건에서 그는 다른 걸 보았다. 사람마다 다르게 대해야 한다는 것을 배우고, 한 가지 역할에서 잘했다고 다른 역할에서도 잘하는 건 아니란 사실도 깨닫는다.

지금의 시대는 어떨까? 대학에서 배운 알량한 지식으로 평생 먹고사는 시대는 이미 끝났다. 계속 자발적으로 알아서 공부하는 방법을 알아야 한다. 계속해서 새로운 주제에 도전해야 한다. 난 그를 벤치마킹해 새로운 주제에 도전하고 있는데 그 재미가 쏠쏠하다. 배우는 즐거움이 어떤 것인지 조금은 알 것 같다.

첫째, 늘 새로운 곳에 도전했다. 그가 여러 직업을 가진 것도 그런 성향 때문이다. 그는 함부르크에서 무역회사 직원으로 일했다. 투자은행의 프랑크푸르트 지점에서 일하기도 했다. 신문에 칼럼을 싣기도 했고 나중에 교수가 되었다. 새로운 곳에 도전해야 기존의 지식도 빛이 나고 지식의 폭이 넓어진다. 다른 대학 요청을 뿌리치고 조그만 베닝턴대학을 선택한 것도 효과적인 학습 때문이었다. 그곳에서는 자신이 좋아하는 것은 무엇이든 가르칠 수 있었다. 배우는 데 있어서 가장 효과적인 방법은 직접 가르치는 것이다. 그는 3년마다 새로운 것에 도전했다. 1942년부터 1949년까지 베닝턴대학에 재직하면서 정치이론, 미국 정치, 미국사, 경제사, 철학, 종교 등 폭넓은 주제로 가르쳤다. 가르친다는 것은 그 자체로 배우는 것을 의미한다.

둘째, 지적 자극이다. 그는 젊은 시절부터 수많은 고수를 만났다. 16세 때 토마스 만을 만났다. 만이 노벨문학상을 받기 수년 전이지만 이미 대작가의 반열에 올라 있었다. 작은 학교였지만 이 학교에는 고수들이 많았다. 모던댄스의 마사 그레이엄, 경제인류학자 칼 폴라니, 정신분석학자인 에릭 프롬, 건축가 리하르트 노이트라 등이 있었다.

셋째, 그는 많은 책을 읽고 썼다. 확실한 계획을 세워 집중적으로 읽었다. 프로젝트를 끝낼 때마다 책을 한 권씩 써 평생 30여 권의 책을 썼다. 그중 1945년 GE를 컨설팅한 경험을 바탕으로 쓴《경영의 실제》는 최고의 저작으로 인정받고 있다. 이 책으로 그는 매니지먼트를 발명했다는 말을 들었다. 가장 빨리 배우는 방법은 가르치는 것이다. 가장 효과적으로 일하는 방법은 책을 쓰는 목표로 일을 하는 것이다. 가장 효과적으로 배우는 방법은 주기적으로 관심분야를 달리하면서 새로운 분야에 도전하는 것이다. 그 방면의 책을 열심히 읽는 것이다. 그는 이 모든 것을 다

활용함으로써 최고의 위치에 우뚝 섰다.

넷째, 책을 쓰는 방법도 달랐다. 우선 머릿속으로 어떻게 책을 쓸지에 대한 청사진을 그린다. 녹음기를 놓고 마치 강의하듯 이를 구술한다. 비서는 녹음한 내용을 타자기로 쳐서 옮긴다. 녹취 내용을 보면서 몇 번이고 다시 쓴다. 그런 과정을 거치면서 생각의 완성도를 높였다. 정말 탁월한 방법이 아닐 수 없다.

다섯째, 자신의 강점에 집중해 성과를 거두었다. 자신이 원하는 것이 무언지를 늘 생각하고 그것에 따라 행동했다. 그 자신 컨설턴트지만 조직 안에 들어가서는 일을 효과적으로 하지 못한다는 사실도 알고 있었다. 2003년 9월 타계한 마빈 바우어는 맥킨지를 세계적인 컨설팅 회사로 성장시킨 인물이다. 드러커는 5~6년간 매주 토요일 오전 맥킨지에서 컨설팅업이란 무엇인지에 대해 가르쳤다. 하지만 맥킨지와는 일하지 않았다. 여러 번 스카우트 제의를 받았지만 혼자 일하는 것이 효율적이라 생각했기 때문이다.

하버드로부터 네 번이나 초청을 받았지만 거절하고 베닝턴 같은 조그만 대학에서 일을 했던 것도 자기 스타일대로 일하고 싶었기 때문이다. 성과를 내기 위해서는 자기 스타일대로 일을 해야 한다.

변화속도가 빨라지면서 지식의 유통기간도 짧아진다. 대학에서 배운 알량한 지식과 자격증으로 평생을 살 수는 없다. 이 시대에 우리를 보호할 수 있는 최선의 방법은 계속해서 배우고 학습하면서 자기 분야에서 일정 경지에 오르는 것이다. 학습하는 방법은 스스로 터득해야 한다. 드러커의 학습방법은 지금도 유효하다. 자신의 분야를 넘어 새로운 분야를 공부하고, 직접 가르쳐보고, 일을 한 후 책으로 이를 정리하고, 자기 스타일에 맞게 일을 하고…. 현대판 문맹은 학습하기를 중지한 사람, 자기만의 학습방법을 모르는 사람이다.

의사결정,
문제는 타이밍이다

예전 나의 상사는 의사결정을 미루기로 유명했다. 그 사람 책상 위에는 누렇게 변한 색깔의 결재판이 몇 층으로 쌓여 있곤 했다. 당연히 모든 일이 지지부진했고 성과는 나지 않았다. 오래 끈다고 좋은 의사결정을 할 수 있는 것은 아니다. 의사결정에는 타이밍이 중요하다. 제때 내려진 틀린 결정이 늦게 내려진 옳은 결정보다 낫다. 의사결정을 할 때 누가 적절한 정보를 제공할 수 있을지를 우선 생각해야 한다. 알코올 중독자를 위한 재활병원을 만들 때 가장 중요한 정보를 제공할 수 있는 사람은 다름 아닌 알코올 중독 경험이 있는 사람이다. 드러커는 어떤 생각을 했을까?

원칙에 근거하는 의사결정이 필요하다. 그렇기 때문에 어떤 원칙하에 의사결정을 할 것인지를 먼저 생각해야 한다. 의사결정이 만족시켜야 할 스펙을 명확히 해야 한다. 한계조건을 확실하게 정의해야 한다. 무엇이 옳은지 깊이 생각해야 한다. 타협 전 필요조건을 충분히 만족시켜줄 해결책에 대해 철저히 검토해야 한다. 의사결정을 시행하기 위한 행동을 포함시켜야 한다. 가장 시간이 많이 걸리는 부분은 어딘지, 이 결정을 알아야 할 사람은 누구인지도 명확히 해야 한다. 어떤 행동을 해야 하는지, 누가 해야 하는지, 실행을 위해 어떤 것을 지원해야 하는지 같은 질문을 늘 생각하고 답할 수 있어야 한다.

무엇보다 잊기 쉬운 것은 지금의 의사결정이 제대로 된 것인지를 리뷰할 수 있어야 한다는 것이다. 이를 위해 사전에 평가 방법을 생각해야 한다. 반드시 피드백 매커니즘을 만들어두어야 한다. 의사결정에 관해서는 다음 네 가지 질문에 대답할 필요가 있다. 이 결정에 관해 알고 있어야 할 사람은 누구인가? 결정을 위해서는 어떤 행동을 취해야 하는가? 그 행동을 취하는 것은 누구인가? 그 결정에 따라 행동하는 사람이 목적을 달성하기 위해서는 어떤 행동 지침을 준비해야 하는가?

리더는 의사결정을 하는 사람이다. 직급이 올라갈수록 어려운 의사결정을 해야 한다. 근데 많은 리더들이 우물쭈물하면서 의사결정을 하지 않는다. 좌고우면하면서 시간을 끈다. 리더로서는 최악이다. "가장 좋은 것은 올바른 결정이다. 다음으로 좋은 건 잘못된 결정이다. 가장 나쁜 것은 아무 결정도 내리지 않는 것이다." 펩시콜라 CEO였던 로저 엔리코의 말이다. 맞는 말이다. 제때 내려진 잘못된 결정이 늦게 내려진 옳은 결정보다 낫다. 우리는 흔히 졸속행정이라면서 졸속이란 말을 비하한다. 너무 빨리 아무 생각 없이 했다는 뉘앙스 때문이다.

하지만 손자병법에서는 졸속을 높이 평가한다. 졸속이 지완遲緩을 이긴다는 것이다. 전쟁이든 사업이든 공부든 연애든 완벽한 때를 기다리는 것보다 제한된 조건하에서 의사결정을 하는 편이 낫다는 것이다. 모든 정보를 다 갖고 완벽한 때를 기다려 의사결정하는 것은 현실적으로 불가능하다. 그런 날은 오지 않는다. 의사결정이란 늘 일정 부분의 리스크를 감수하는 일이다.

무엇보다 의사결정에서는 기준이 중요하다. 무엇을 기준으로 의사결정을 할 것인가를 결정해야 한다. 안락사의 기준은 무엇일까? 바로 환자다. 환자 입장에서 의사결정을 할 수 있어야 한다. 워싱턴 교육감을 지낸 미셸 리는 의사결정을 할 때마다 이런 질문을 했다. "이 결정이 아이들에게 좋은가?" 당신은 어떤 의사결정을 앞두고 있는가? 어떤 기준을 갖고 있는가? 제때 하고 있는가?

반 박자만 **앞서라**

"무엇이나 다 정한 때가 있다. 하늘 아래서 벌어지는 무슨 일이나 다 때가 있다. 날 때가 있으면 죽을 때가 있고 심을 때가 있으면 뽑을 때가 있다. 죽일 때가 있으면 살릴 때가 있고 허물 때가 있으면 세울 때가 있다." 성경에 나온 말이다. 주식에서 돈을 벌기 위해서도 타이밍이 가장 중요하다. 모 투자전문가는 '대학교수 친구들이 주식 얘기를 시작할 때'를 파는 시점으로 생각한다. 보수적인 그들이 움직이면 매도 시점이 됐다는 것이다. 무릎에서 사서 어깨에서 팔라는 것도 타이밍의 중요성을 얘기한 말이다.

사람의 진퇴문제도 그렇다. 중국의 범려는 물러날 때를

알아 성공했다. 절정기에 스스로 물러났다. 반면 문종은 범려의 충고를 무시하고 끝까지 버티다 끝내 구천에 의해 자결을 강요당하고 비참하게 죽는다. "성공을 위한 모든 노력 중에서 가장 중요한 요소는 바로 타이밍이다." 피터 드러커의 말이다.

질병도 그렇다. 초기에는 치료는 쉽지만 진단은 어렵다. 시간이 흐르면 진단은 쉽지만 치료는 어렵다. 타이밍을 놓치면 사태는 악화된다. 모든 사람들이 다 알아차릴 때가 되면 어떤 해결책도 소용없다. "대중보다 반발만 앞서야 한다. 뒤처져도 죽고 너무 앞서도 죽는다." 마오쩌둥의 말이다. "인생에서 가장 중요한 것은 기회를 잡을 때를 아는 것이다. 혜택을 포기할 때를 아는 것은 그다음으로 중요하다." 벤저민 디즈레일리의 말이다.

엘지그룹을 만든 구인회 회장의 성공도 타이밍 덕분이다. 그는 경남 진주에서 포목점 '구인회 상회'로 사업을 시작한다. 사업은 그런대로 잘됐지만 1936년 7월, 남강이 범람하는 바람에 모든 걸 잃고 만다. 하지만 그는 '장마 진해에는 풍년이 든다'는 옛말을 떠올렸다. 풍년이 들면 농가 소득이 늘고, 소득이 늘면 농민들은 자식들 혼인시키기 바뻘 것이고, 그러면 비단과 광목이 잘 팔릴 것으로 생각했다. 게다가 홍수로 옷과 침구를 잃은 사람들 수요도 있을 것으로 예상했다. 그래서 바쁘게 뛰어다니며 가을 호황을 준비했다. 그의 예상은 그대로 적중했다. 호황을 예상하지 못한 다른 가게들은 손님으로 발 디딜 틈이 없는 구인회 상점의 북새통을 지켜만 봐야 했다.

기술의 사업화도 관건은 타이밍이다. 새로운 기술, 끝내주는 기술이 늘 좋은 것은 아니다. 너무 빠르고 획기적인 기술에는 고객들이 적응하지 못한다. 시장의 성숙이 필요하다. 고객들에게 적응할 시간이 필요하다. 획기적인 서비스보다 그때까지 충족되지 않았던 고객의 욕구를 만족시키면서 동시에 고객의 삶의 방식을 크게 바꾸지 않아도 되는 정도일 때가 좋은 타이밍이다. 너무 빨리 시작하면 쪽박을 차고 반 박자 빨라야 대박이 난다. 반 박자 늦으면 도박을 하게 돼 결국 망한다.

여러분 사업은 어떤가? 지금이 적절한 타이밍이라고 생각하는가? 혹시 너무 빠르거나 느린 것은 아닌가? 성공을 위한 모든 노력 중에서 가장 중요한 요소는 바로 타이밍이다. 보통 사람들은 이를 운이라고도 한다.

의견의 **불일치 조장**

만장일치로 의사결정이 되는 조직이 있을까? 북한의 김정은 정권은 그러할 것이다. GM의 부흥을 이끌었던 슬로운 회장은 만장일치로 의견이 통일되면 의사결정을 하지 않았다고 한다. 뭔가 자기 목소리, 정말 알아야 할 것이 빠졌다고 생각했기 때문이다. 루스벨트 대통령도 비슷했다. 다른 의견이 나오지 않으면 회의를 쉬고 사람들로 하여금 생각할 시간을 갖게 했다.

중요한 의사결정은 항상 위험하다. 시비가 분분할 수밖에 없다. 의사결정이 즉석에서 만장일치로 이루어졌다는 것은 뒤집어 얘기하면 아무도 그 이슈에 대해 심각하게 고민하지 않았다는 것이다. 드러커 역시 의견의 불일치를 강조했다. 반대의견이 조직의 포로가 되는 것을 막을 수 있고, 의견차이 그 자체만으로도 의사결정에 대한 대안을 제공할 수 있으며, 반대의견은 상상력을 자극할 수 있다고 생각했기 때문이다.

반대의견이 있다는 것은 그만큼 조직이 건강하다는 것이다. 만약 신뢰가 없으면 반대의견과 다른 의견은 나오지 않는다. 최고결정권자가 반대의견을 받아들일 그릇이 될 때 반대의견은 등장한다. 반대의견과 다른 의견을 의사결정의 핵심문제로 끌어들일 수 있으면 그것이 진정한 단결이다. 그 과정을 통해 결심과 각오를 다질 수 있다. 반대의견이 공개적으로 다루어지면 많은 반대의견은 사라진다. 자기의 반대의견은 그 이슈에 비하면 사소하다고 생각되기 때문이다. 반대의견을 해결하는 가장 좋은 방법은 반대의견을 건설적으로 활용하는 것이다.

여러분 조직은 어떤가? 특정인의 주장에 모두 침묵을 지키고 있지는 않는가? 회의장에서는 아무 말이 없다 밖에서 삼삼오오 반대의견을 얘기하지는 않는가? 반대의견을 건설적으로 살리기 위해서는 어떤 노력을 해야 할까?

1960년대 초반 카스트로 공산정부가 들어서자 미국은 카스트로 정권에 의해 쫓겨난 반정부성향의 군인과 망명자 1,400명을 훈련시켜 피그스만에 침투시킨다. 이들은 곧바로 쿠바군에 의해 죽거나 포로가 된다. 이듬해 포로 1,179명은 5천만 달러 상당의 식품, 의약품과의 교환으로 풀려난다. 어처구니없는 의사결정이다. 1,400명의 군인으로 쿠바를 어떻게 해보겠다는 발상은 지금 생각해도 믿을 수 없는 의사결정이다. 최고의 두뇌집단에서 어떻게 이런 결정을 했을까? 바로 집단사고 때문이다. 집단사고를 없애는 최선의 방법은 반대의견을 활성화하는 것이다. 그래야 의사결정의 품질을 높일 수 있고 사고 위험을 최소화할 수 있다.

반대의견을 활성화하기 위해서는 최상급자가 먼저 자기 생각을 밝히면 안 된다. 최상급자가 자기생각을 말하는 순간 나머지 사람들은 자기 생각을 접고 상사의 의견에 동조하려 하기 때문이다. 건강한 갈등을 의도적으로 만드는 것도 방법이다. 가톨릭에서 성인을 추대할 때 쓰는 악마의 대변인devil's advocate 제도가 그것이다. 일부러 트집을 잡고 단점을 들추어내는 것이다. 무엇보다 반대의견을 공개적으로 말할 수 있는 분위기를 만들어야 한다.

효과적 의사결정이란

경영자는 적절하고, 현실적이며, 원칙위주의 의사결정을 할 수 있어야 한다. 흑백논리에서 벗어나 타협점을 모색할 수 있어야 한다. 효과적인 의사결정을 위해서는 다음 6단계가 필요하다.

첫째, 문제의 성격을 분류해야 한다. 기업공통의 일반적 문제인가? 특별한 사건처럼 보이지만 실제로는 일반적인 문제인가? 특별한 회사에서 생긴 특별한 문제인가? 최근에 발생해 특별해 보이지만 실제로는 일반적인 문제인가? 먼저 이 부분을 살펴야 한다. 일반적인 문제를 특별한 문제로 생각하는 것, 새로운 문제에 과거 규칙을 적용시킬 때 실수는 발생하기 때문이다.

둘째, 문제를 정의해야 한다. 우리가 문제해결을 못하는 이유는 정확하게 무엇이 문제인지 모르기 때문이다. 60년대 미국 자동차업계는 실수를 저질렀다. 교통사고의 원인을 도로와 운전자 때문으로 생각했다. 그들은 안전설비에는 무관심했고 대신 도로정비와 안전교육에 치중했다. 하지만 계속 교통사고는 증가했다. 사실은 자동차의 안전 설비에 문제 원인이 있었다. 이를 위한 유일한 방법은 반복적인 확인이다.

셋째, 세부내용을 결정해야 한다. 의사결정에는 늘 제한이 따른다. 경계조건을 확인해야만 한다. 최소한의 목표, 만족시킬 조건, 의사결정 목표가 무엇인지를 생각해야 한다. 의사결정은 경계조건을 만족시킬 때 비로소 영향력을 가질 수 있다. 슬로운 회장은 분권화를 결정하면서 경영권은 주되 책임을 묻기로 했다. 정책과 방향은 중앙통제로 함으로써 균형을 잡았다. 경계조건을 명확히 한 것이다.

넷째, 올바른 결정을 내려야 한다. 수용 가능한 차선책보다는 미래를 위한 올바른 결정을 내리고 이후 협상을 해야 한다. 만약 경계조건을 모른다면 협상은 무의미하다.

실패할 수밖에 없다. 1944년 드러커는 GM 컨설팅을 부탁 받았다. 그때 슬로운 회장은 이런 주문을 했다. "우리 반응에 신경 쓰지 마라. 타협도 하지 마라. 무엇이 옳고 그른지 모른다면 올바른 협상을 할 수 없다." 올바른 의사결정에는 저항이 늘 따른다. 이 저항을 피하기 위해 중요한 것을 포기한다면 그건 의사결정이 아니다. 무엇이 올바른 결정인지를 늘 생각해야 한다.

다섯째, 실행방안을 마련한다. 누가 무엇을 할 것인지를 생각하라. 과정 전체를 책임질 실행자를 선발하라. 실행에 필요한 행동과 임무를 명확히 하라.

여섯째, 피드백하라. 의사결정 후에는 늘 현장의 소리를 들어야 한다. 그렇지 않으면 탁상공론에 그친다. 독단에 빠진다. 과연 우리가 내린 의사결정이 현장에서 어떤 반응을 보이는지를 살펴야 한다.

"우리 상사는 너무 똑똑해서 모르는 게 없어요"라는 얘기를 많이 한다. 욕일까, 칭찬일까? 욕이다. 그 얘기 안에는 너무 똑똑한 상사 때문에 나머지 사람들은 아무 역할도 못하고 있다는 비아냥이 숨어 있다. 좋은 의사결정의 최대 장애물은 너무 똑똑한 상사다. 자기주장이 너무 강한 사람이다. 물론 그가 가장 잘 알 수 있다. 그럼에도 불구하고 입을 다물고 직원들이 자기 의견을 자유롭게 펼치는 분위기를 만들 수 있어야 한다. 상사는 내 생각이 아닌 직원들에 의해 의사결정이 되는 것처럼 판을 이끌어야 한다. 그래야 의사결정이 추진력을 가질 수 있다.

고객 중심의
마케팅이어야

진정한 마케팅을 위해서는 '팔고자 하는 것이 무엇인가?'라는 질문 대신 '고객은 무엇을 구입하려는가?'라는 질문으로 바꾸어야 한다. 이상적인 마케팅은 판매를 필요로 하지 않는다. 흔히 기술의 닛산, 마케팅의 도요타란 얘기를 한다. 그만큼 닛산은 기술개발에, 도요타는 마케팅에 우선순위를 둔다. 오래전 도요타의 승리로 결판이 났다. 마케팅이 기술을 앞선 것이다.

당연한 결과다. 전구는 영국의 조셉 스완이 먼저 만들었다. 하지만 에디슨이 최후 승리자가 되었다. 그는 자신을 전력회사 소유자로 생각하고 '일반인들은 무엇을 필요로 할 것인가?'에 초점을 맞추었다. 소비자 입장에서 생각했고 그 결과 승리했다. 미국의 카펫시장은 한때 사양산업이었다. 1950년대 화학회사가 합성섬유의 주요 사용처로 카펫을 생각했고 이를 위해 카펫회사를 인수했고 마케팅 계획을 다시 짰다. 그들은 '신규 주택 구입자 요구사항 중 충족되지 않는 가장 큰 니즈는 무엇인지'를 조사했다.

그 결과 카펫산업이 해결할 문제와 니즈가 명백해졌다. 주택용 카펫에 새로운 역할을 부여했다. 적은 지출로 주택의 기본적인 취향과 안락함을 향상시키는 것이었다. 다음 단계는 '어떻게 하면 새로운 카펫을 팔 수 있을까'였다. 별도로 사는 것은 부담이 되지만 집값과 함께 포함시켜 론loan으로 분할해 지불한다면 괜찮다는 것을 발견했다. 마지막은 '누가 최종 구매결정을 하는가'를 생각했다. 주부가 아닌 주택건설업자였다. 그 결과 카펫산업이 부활했다.

마케팅의 최종 목표는 판매를 불필요하게 만드는 것이다. 마케팅이 지향하는 것은 고객을 이해하고, 제품과 서비스를 고객에 맞추어 저절로 팔리도록 하는 것이다. 마케팅은 고객 입장에서 생각하는 능력이다. 내 제품과 서비스가 죽인다는 말 대신 과연 고객들이 필요로 하는 것은 무엇이고, 이게 정말 그들에게 효용성이 있는지를 질문하고 답할 수 있어야 한다.

고객에게 중요한 제품이나 기업은 없다. 그들은 오로지 자신에게만 관심을 갖는다. 그들은 언제나 '이 제품이 내게 무슨 소용이 있을까? 이것이 내게 무엇을 해줄 것인가?'만을 생각한다. 물고기처럼 생각하는 낚시꾼이 성공한다. 당신은 어떤가?

진정한 맛집의 특성은 무엇일까? 마케팅을 하지 않는다는 것이다. 군산의 이성당, 대전의 성심당 같은 빵집은 광고하지 않지만 늘 사람으로 북적인다. 내가 좋아하는 맛집은 광고하지 않는다. 하지만 늘 사람으로 북적인다. 어디선가 얘기를 듣고 왔든지 한번 맛보고 다시 방문했든지 둘 중 하나다. 장사가 안 되는 식당은 점심때마다 전단지 나눠주는 사람을 알바로 고용한다. 그래도 늘 파리를 날린다. 전단지를 나눠준다는 것은 그만큼 장사가 안 되고 맛이 없다는 걸 광고하는 것이나 다름없다.

그렇다면 최고의 마케팅은 무엇일까? 영업이 필요 없게 만드는 것이 최고의 마케팅이다. 이를 위해서는 본질에 충실해야 한다. 음식점은 일단 맛이 있어야 하고, 세탁기는 빨래가 깨끗하게 되어야 한다. 강사는 강의로 고객들에게 감동을 줄 수 있어야 한다. 고객의 필요를 찾아 그걸 만족시켜야 한다.

나처럼 책을 쓰고 강의를 하는 사람에게 마케팅이란 무엇을 의미할까? 광고를 하고 전단지를 돌리는 것은 금물이다. 세일기간에 시간당 50만 원으로 해줄 테니 오라고 말하는 순간 이 세계를 떠나야 한다. 이런 책을 쓰는 것이 최고의 마케팅이다. 책을 통해 내 생각을 전하고 고객의 동의를 이끌어내면 된다. 맥킨지는 광고하지 않는다. 그들은 분기별로 잡지를 통해 마케팅을 한다. 여러분은 지금 어떻게 마케팅을 하고 있는가?

소통의 기본은 경청

소통이 안 되는 사람일수록 소통의 중요성을 강조한다. 소통이 안 되는 경영자는 경영자로서 자격이 없다. 드러커는 평생 글을 쓰고 강의를 한 사람이다. 그는 리더의 커뮤니케이션 능력을 강조했다. 인간에게 있어 가장 중요한 능력은 자기 표현력이며, 현대 경영이나 관리는 커뮤니케이션에 의해 좌우된다고 주장했다. 현실을 날카롭게 꿰뚫어 보기 위해서는 자신을 표현하고, 말을 배우고, 비유를 하고, 그 의미를 탐구하고, 쓰기 연습을 거듭해야 한다고 말했다. 특히 시나 단편 쓰는 연습을 하는 것이 매우 중요하다고 얘기했다. 커뮤니케이션과 관련된 다음 두 가지 말이

특히 인상적이다.

첫째, "내가 무슨 말을 했느냐가 중요한 게 아니라 상대방이 무슨 말을 들었느냐가 중요하다."

그는 상대 입장에서 생각하는 데 능하다. 경영자들은 직원들을 앉혀놓고 실컷 떠든다. 그리고 모든 것을 전달했다고 생각한다. 천만의 만만의 말씀이다. 커뮤니케이션에서 말이 차지하는 비중은 10퍼센트가 되지 않는다. 내가 이런 의도로 말을 해도 상대는 다른 의도로 받아들이기 쉽다. 그렇기 때문에 내가 말을 한 것으로는 충분하지 않다. 주기적으로 상대가 어떻게 들었는지, 직원들 하나하나가 그 사실을 이해하고 있는지를 확인해야 한다. 오해하고 있다면 이유가 무언지 파악해 다시 커뮤니케이션을 해야 한다. 커뮤니케이션에서 내가 한 말은 별로 중요하지 않다. 상대가 무슨 말을 어떻게 들었느냐가 훨씬 중요하다.

둘째, "다른 사람의 관심을 끌려고 노력하기보다는 다른 사람에게 진심으로 관심을 기울임으로써 더 많은 친구를 사귈 수 있다. 컨설턴트로서 나의 가장 큰 장점은 무지해서 남에게 많은 질문을 던진다는 것이다."

경청은 기술이 아니다. 경청은 절제이며 겸손이다. 경청을 할 수 있다는 것은 자신에게 뭔가 부족하고, 남들에게 배울 것이 있다는 것을 드러내는 것이다. 조언, 자문, 컨설팅이란 문제 해결의 성격을 띠고 있지만 사실은 고객 스스로 문제점을 도출해서 해결하도록 돕는 기술이고 그것을 위해 가장 중요한 전제조건은 열심히 들어주는 것이다. 그렇게 되면 고객은 열심히 얘기를 할 수 있고, 그 과정에서 스스로 해법을 찾는 것이다. 드러커 자신이 그렇게 한 사람이다.

말하는 게 힘이 들까, 듣는 게 힘이 들까? 당연히 듣는 게 힘이 든다. 나는 뭘 하는 사람일까, 내 직업은 뭘까를 자주 생각한다. 잘 모르는 사람은 강의를 하니까 말하는 것이 주업이라고 생각한다. 물론 말을 많이 한다. 하지만 그것 못지않게 질문하고, 듣고, 관찰하고, 살핀다.

성인 강의는 늘 쌍방향으로 이루어진다. 그들에게 질문하고 그들의 생각을 끌어낼 수 있어야 한다. 그들이 얘기를 할 때 온몸을 다해 그들의 얘기를 경청할 수 있어야 한다. 말하는 내용에도 집중을 해야 하지만, 왜 저런 말을 할까, 혹시 다른 속내가 있는 건 아닐까도 따져봐야 한다. 한 사람이 말을 할 때 다른 사람의 표정이나 태도도 살펴봐야 한다.

일대일 코칭이나 그룹코칭은 두 시간 내내 그들의 얘기에 집중해야 한다. 그렇지 않으면 진도가 나가지 않는다. 대화를 하다 상대가 "내가 왜 이런 말까지 했는지 모르겠네요. 당신과 있으면 완전 무장해제가 되는 것 같아요"라는 말을 하는 것을 들으면 흐뭇하다. 커뮤니케이션이 제대로 이루어졌기 때문이다. 부하가 입을 열지 않는가? 당신에게 문제가 있는 것이다.

미래예측과 미래대비

미래에 관해서는 두 가지만 알 수 있다. 미래는 알 수 없다는 사실과 미래는 지금 존재하는 것과도, 기대하는 것과도 다를 수 있다는 것이다. 오늘의 행동과 노력을 기초로 미래사건을 예측하는 것은 헛일이다. 최선의 것은 이미 발생한 사건이 미래에 미치는 영향에 대해 생각해보는 것이다. 그렇다면 이미 일어난 미래는 어디서 어떻게 파악할 수 있을까?

첫째, 인구통계의 변화다. 가장 확실하게 그 영향을 예측할 수 있고 그 영향이 가장 정확하게 나타난다. 출산율 감소, 딸 선호, 외국인 노동자 증가 등은 이미 일어나고 있다. 출산율이 증가하면 유아한테 투자하는 비용이 증가하며 유아시장이 커지고 유아용품 가격이 올라간다. 출산율이 줄어들고 있는 것은 현 시점의 사건이다. 이 사건이 미래에 어떤 영향을 줄지는 쉽게 상상할 수 있다.

둘째, 지식분야다. 관련분야의 지식을 넘어 기본적인 지식 변화(인터넷, 나노기술, 유전자기술)가 일어났을 때 다음 질문을 해야 한다. "이 지식 변화에서 기대할 수 있는 기회가 존재하는가?"

셋째, 다른 산업, 다른 국가, 시장을 둘러보고 질문해야 한다. 그곳에서 일어난 사건 가운데 우리 산업, 나라, 시장에 새로운 패턴을 수립할 수 있는 것이 있는가? 일본에서 유행한 것들은 대체로 시간격차를 두고 우리나라에서도 유행이다. 교통통신의 발달로 시간격차는 점점 줄어들고 있다.

넷째, 산업구조다. 원재료혁명 같은 것이다.

다섯째, 회사 내부다.

미래를 예측할 수는 없지만 지금 일어나는 것을 보면서 미래에 대비할 수는 있다. 이를 위해 두 가지 질문을 해야 한다. 미래를 위해 우리가 할 수 있는 것과 해야만 하는 것은 무엇일까? 아직 잘 모르지만 분명 앞으로 다가올 큰 변화는 무엇일까? 서점에는 미래를 점치는 책들로 넘쳐난다. 해마다 트렌드 어쩌고 하는 책들도 나온다. 다 거기서 거기다. 다 뻔한 얘기이고 새로울 것도 없다. 몇 가지만 살펴보면 이렇다.

여성의 시대가 올 것이다. 모계사회가 될 것이다. 아니 이미 됐다. 남성들의 영역에서 여성들이 강자가 됐다. 사관학교 수석졸업도 여성이 했고, 판사와 검사들 세계에서도 여성파워가 남성을 능가하고 있다. 미래 법정은 판사, 검사, 변호사 모두 여성이 차지할 것이다. 남성이 할 건 한 가지 뿐이다. 바로 범인이다. 농담이 아닌 현실이 됐다.

다음은 글로벌시대의 개막이다. 삼성이나 엘지나 현대차는 로컬기업이 아니다. 이들이 내수시장만을 목표로 했다면 존재하지 않았을 것이다. 지금 고전하는 조직들은 대부분 글로벌시장에 늦게 진출했거나 거기서 밀린 조직들이다.

국가의 권력도 약해질 것이다. 당연하다. 이미 개인이 국가를 선택하는 시대가 됐다. 국가가 맘에 들지 않으면 자유롭게 다른 나라로 갈 수 있다. 안현수가 러시아를 선택한 것은 명확한 증거이고 국가가 경영을 잘못하면 이런 사례는 계속 늘어날 수밖에 없다. 싱글과 노인 인구가 증가하는 데 있다. 지하철을 타보면 쉽게 알 수 있다. 거의 반이 오십 이상 된 아저씨 아줌마다. 이미 경로석은 의미를 잃었다. 경로석 대신 젊은이들만이 앉을 수 있는 자리를 만들어야 할 때가 되었다.

미래는 원하건 원하지 않건 오게 되어 있다. 중요한 건 거기에 개인과 조직이 어떻게 대응하느냐이다. 방법은 한 가지뿐이다. 거기서 기회를 발견하고 미리미리 준비하는 것이다.

자기경영
'리더십Leadership'과 '조직Organization'

리더십의 본질은 영향력이다.
영향력이 있으면 누구나 리더가 될 수 있다.
그것은 지위가 상관없는 것. 모두 리더가 되라.
또한 몸담고 있는 조직의 존재 목적을 늘 생각해야 한다.
단기목표, 비상상황에 대응하다 보면 조직의 존재 목적을 잊기 쉽다.
그럴수록 우리가 왜 존재하는지를 생각해야 한다.
자주 기억할수록 이익은 더 커진다.

리더십의 본질은 영향력이다.
영향력이 있으면 누구나
리더가 될 수 있다.
그것은 지위와 상관없는 것.
모두 리더가 되라.

자신을 경영하라

〈자신을 경영하라〉는 《자기경영노트The Effective Executive》 (1966년)를 바탕으로 2005년도에 〈하버드비즈니스리뷰〉에 다시 게재된 논문이다. 최고의 논문으로 손꼽힌다. 역사상 위대한 인물은 자신을 경영했기에 위대한 업적을 낼 수 있었다. 보통 사람 역시 자기경영을 할 수 있으면 위대한 업적을 쌓을 수 있다. 이는 다섯 단계로 나눌 수 있다.

1단계, 장점을 찾아내라. 내 장점은 무엇인가를 알아야 한다. 자신을 들여다보고 주변으로부터 피드백을 받으면 알 수 있다. 중요한 의사결정을 내릴 때는 예상 결과를 미리 기록하라. 그것을 9~12개월 후 실제 결과와 비교해보라.

거기서 무언가 배우라.

2단계, 장점이 성과를 낼 수 있는 일을 하라. 장점을 개발할 수 있어야 한다. 단점을 보완하는 것으로 낼 수 있는 최고 성과는 사고를 치지 않는 것이다. 지적 자만심을 경계하고, 나쁜 습관을 교정하며, 좋은 매너로 인간관계를 잘 유지하라.

3단계, 기대치와 결과 비교를 통해 '하면 안 되는 일'을 찾아라. 노력을 해도 안 되는 일이 있다. 최고의 성과는 자신의 에너지, 시간, 자원을 재능 가진 분야에 현명하게 사용할 때 나온다.

4단계, 스타일을 파악하라. 여러분은 읽으면서 깨닫는 스타일인가, 아니면 들으면서 깨닫는 스타일인가? 케네디 대통령은 읽으면서 깨닫는 스타일이다. 존슨은 들으면서 깨닫는 스타일이다. 존슨이 인기가 없었던 것은 읽는 스타일에 익숙한 스태프들을 다른 방식으로 다루었기 때문이다. 함께 일하는 스타일인가, 아니면 혼자 일하는 스타일인가? 의사결정권자로서 책임지는 일을 좋아하는가, 아니면 조언자로서의 역할을 좋아하는가? 여러분은 어떤 스타일인가?

5단계, 가치관을 파악하라. 내 가치관은 무엇인가? 조직과 양립이 가능한가? 나는 어디에 속한 사람인가? 내 장점, 방법론, 가치관을 기초로 무엇을 하고 어떤 결과를 얻을 것인가를 고민해야 한다. 변화된 결과를 제한된 기간 안에 이끌어내기 위해 무엇을 어떻게 할 것인지 생각해야 한다. 그게 자기경영이다.

이 글을 읽으면서 나 자신에게 적용해보았다. 내가 잘하는 일은 새로운 분야에 도전해 공부하고 학습하는 일이다. 관심 가는 분야를 공부하면서 이를 바탕으로 글을 쓰고, 책으로 엮고, 이를 바탕으로 강의를 하면서 점차 나 자신의 전문성을 올려가는 일이다. 그런데 꾸준함이 부족하고 싫증을 잘 낸다. 일단 한 분야에 어느 정도 익숙해지면 흥미를 잃으면서 급격히 지루해한다. 나 같은 사람에게 평생한 우물만 파라는 것은 최고의 형벌이 될 수 있다. 호기심이 많기 때문에 다양한 관심거리를 갖고 다양한 사람들과 섞이면서 반응하고 배우고 익히는 지금의 직업이 딱이다.

나는 읽으면서도 깨닫지만 들으면서 깨닫는 스타일이다. 강의를 하는 것 못지않게 강의 듣는 걸 좋아한다. 그래서 강의가 있는 날이면 일찍 가서 내 앞의 강의를 가능한 들으려 한다. 그리고 같이 일하기보다는 혼자 일하는 스타일이다. 직장생활을 할 때는 같이 하는 것도 곧잘 했지만 태생적으로 혼자 일할 때 성과가 나는 스타일이다. 큰 조직의 장으로는 적합하지 않다. 누군가를 도와 자문하는 일이 맞는다. 내 가치관은 선한 영향력을 행사하는 것이다. 책이나 강연을 통해 사람들에게 위로와 깨달음을 주는 게 좋다. 지금 분야에서 이나마 성과를 낼 수 있었던 것도 따지고 보면 드러커 선생의 말을 잘 들었기 때문인 것 같다.

성공을 향한 **자기계발**

자신이 좋아하는 일을 하면 잘할 수 있다고 얘기한다. 그 얘기를 들을 때마다 "내가 좋아하는 일은 과연 뭘까?"라는 질문을 하게 된다. 그것을 찾는 방법 중 하나가 직장생활이다. 직장생활을 하다 보면 하기 싫은 일을 하게 된다. 하기 싫은 일을 알면 하고 싶은 일도 알 수 있다. 힘들더라도 좋아하는 일을 알면 성공적으로 살 수 있다. 드러커는 거기에 대해 이렇게 말한다.

"첫 직장은 복권 추첨에 비유할 수 있다. 자신에게 꼭 맞는 자리를 찾을 확률은 높지 않다. 몇 년이 지나면 비로소 한 인간으로서 어디에 속하며 설 곳이 어딘지 깨닫기 시작한다. 직장과 평생 직업을 연결하는 것은 철저히 본인 책임이다. 몸담을 직장을 분명하게 인식해야 한다. 조직에 도움이 되어야 한다. 자신을 무료하게 내버려두어서는 안 된다. 도전 없는 생활은 죽은 생활이다. 지식근로자는 잘할 수 있는 분야를 스스로 찾아야 한다. 자기계발 방법도 스스로 배워야 한다. 육체적으로 젊고 정신적으로 활기차게 사는 법도 배워야 한다. 하나의 직업이 아니라 여러 직업을 가질 준비를 해야 한다.

일생을 어떻게 살아갈 것인가에 대한 책임은 전적으로 자신에게 있다. 어떤 누구도 거기에 대신 책임을 져주지 않는다. 자기계발을 위해서는 우선, 이미 잘하고 있는 일을 더욱 잘할 수 있도록 개선해야 한다. 다른 하나는 지금은 하고 있지 않는, 완전히 다른 일을 찾아 변화하는 것이다. 변화의 시점은 지금 하는 일에 어려움을 겪고 있을 때가 아니라 모든 일이 순조롭게 풀릴 때다."

첫 직장은 복권추첨이란 말이 가슴에 와 닿는다. 사실 첫 직장뿐 아니라 전공도 그러하다. 나는 공대 섬유과를 졸업하고 고분자공학으로 박사학위를 받았다. 내 적성 따위 생각한 적도 없이 택했다. 당시 분위기와 부모님의 권유가 주요인이다. 첫 직장은 엘지화학연구소다. 적성에 맞는지는 생각하지 못했지만 친구들과 어울려 놀고 실험하는 것이 나름 마음에는 들었다. 유학을 가서도 적성에 대해서는 의심조차 해본 적 없다. 타고난 공돌이라고 생각했기 때문이다. 자동차회사에서 임원으로 일하면서 조금씩 회의가 들었다. 최고의 자리에 올랐지만 재미가 없고 시간도 없고 지루했기 때문이다. 뭔가 추첨이 잘못됐다는 생각을 처음으로 했다.

40대 초반에 회사를 나오면서 변화를 주고 싶었다. 더이상 예전처럼 무료하고 남이 정해준 목표에 따라 출근하고 퇴근하는 삶을 살기 싫었다. 스스로 방향을 찾고 학습하고 스케줄을 잡아 자유롭게 살고 싶었다. 하지만 대가는 혹독했다. 가는 날이 장날이라고 회사를 나올 때쯤 외환위기가 터져 새로운 직업을 잡기 쉽지 않았기 때문이다. 처자식이 딸린 나 같은 가장에게 생계는 함부로 할 수 없는 문제다.

몇 년 동안 힘든 시간을 보냈지만 조금씩 느낌이 왔다. 무엇보다 내게 잘 맞는다, 뭔가 나아질 것 같다는 기분이 들었다. 혼자서 스스로 학습하는 방법도 깨달아갔고 그러면서 다양한 기회를 잡을 수 있었다. 잘나갈 때 준비를 해야 하지만 솔직히 위기가 닥쳤을 때 준비를 했다. 그래도 난 성공적으로 변신에 성공했고, 그 성공의 핵심은 철저한 자기계발 덕분이다. 여러분은 어떤가? 현재 하는 일을 더 잘하기 위해 뭔가를 하고 있는가, 아니면 현재에 안주하면서 하루하루 살고 있지는 않은가?

리더의 **자격**

"리더는 양치기와 같다. 그들은 양떼의 뒤에 있다. 민첩한 무리가 앞으로 나가게 하고 다른 무리들이 그 뒤를 따르게 한다. 뒤를 좇는 무리들은 자신들을 뒤에서 몰고 있는 리더가 있다는 사실을 인식하지 못한다." 만델라의 말이다.

"국민에게 희망을 불러일으키지 못할 때 지도자는 자격을 상실한다." 처칠의 말이다. "당신이 싫어하는 일을 적어보라. 그런 일을 남에게 절대로 하지 마라. 좋았던 일을 적어보고 그것을 남에게 시도해보라." 비자 창립자 디 호크의 말이다.

"사람들은 상사 수준에 맞춰서 일을 한다. 경영진이 부하에게 관심이 없다고 생각하면 부하들도 관심을 갖지 않는다." 샘 월튼의 말이다. 이처럼 리더십에 대해서는 누구나 한마디씩 한다. 그렇다면 드러커가 생각하는 리더의 자격은 무엇일까?

첫째, 의욕이 있고, 역량이 있고, 경청할 수 있는 자제력이 있어야 한다. 경청은 기술이 아니다. 그것은 절제이며 누구나 하고자 하면 할 수 있는 것이다. 의외다. 자제력은 할 수 있지만 하지 않을 수 있는 능력이다. 힘을 휘두를 수 있지만 휘두르지 않는 것이다. 자기가 알지만 부하직원의 말을 들으려 하는 것이다. 그런 면에서 자기가 전지전능하다고 생각하는 지도자는 자격이 없다.

둘째, 자기 생각을 남에게 전달하려는 자세가 필요하고 또 전달할 수 있어야 한다. 커뮤니케이션 능력이다. 자기가 아는 것과 이를 전달하는 것은 완전히 영역이 다르다. 특히 보이지 않는 비전과 꿈 등을 전달할 수 있어야 한다.

셋째, 일에 대한 책임감이다. 할 일을 하지 않거나 현장을 소홀히 해선 안 된다. 높이 올라갔다는 것, 남을 이끌 위치에 있다는 것은 그만큼 책임감이 높다는 것을 의미한다. 하지만 책임은 생각하지 않고 그것이 주는 과실에만 관심이 있는 사람이 너무 많다.

넷째, 자기 존재보다는 성취할 업무에 중점을 두어야 한다. 내가 얼마나 대단한 사람인지 생각하는 대신 내 역할이 무엇인지, 어떤 일을 해야 하는지를 생각해야 한다.

무엇을 보고 지도자를 뽑느냐는 질문에 드러커는 이렇게 답을 한다. "내 아들을 저 사람 밑에서 일하도록 맡길 수 있을까? 만약 그 사람이 성공한다면 젊은 사람들은 그를 본받을 것이며, 내 아들은 저 사람처럼 되어도 괜찮을 것이다. 그럴 수 있을까?"

드러커의 지도자 상을 보고 무엇을 생각했는가? 여러분은 현재 어떤 사람이고 어떤 사람이 되어야 하는가?

"경청은 자제력이며 누구나 하려면 할 수 있다. 자제는 할 수 있지만 하지 않는 것이다." 경청에 대한 드러커의 통찰력이 놀랍다. 경청을 하려면 존중심이 있어야 한다. 자신을 낮출 수 있어야 한다. 뭔가 자신은 부족하고 다른 사람에게 배울 게 있어야 경청할 마음이 생긴다. 근데 현실은 반대다. 높은 자리에 오르는 사람들은 계속해서 성공한 사람들이다. 자신의 방식으로 지금까지 성공했기 때문에 다른 사람의 말보다는 자신의 생각에 확신을 가진 자들이다.

하지만 리더는 그런 사람이 아니다. 혼자 잘하는 사람은 전문가이지 리더는 아니다. 리더는 다른 사람의 지혜를 모아 조직의 목표를 이루어가는 사람이다. 핵심은 존중심이고 그건 경청을 통해 표출된다. 마지막 대목도 흥미롭다. 그 사람이 괜찮은 사람인지 아닌지에 대한 가장 명쾌한 답은 "당신 자식을 저 사람 밑에서 일하게 하고 싶은가?"란 질문이다. 당신은 어떤 리더인가? 부하직원들의 생각은 어떤가?

커뮤니케이션의 **4가지 원리**

　리더의 가장 중요한 자격 중 하나가 바로 커뮤니케이션 능력이다. 아무리 숭고한 사상을 갖고 있고 직원들을 위한다고 생각해도 이를 전달할 수 없으면 경영자로서 실격이다. 드러커는 커뮤니케이션의 4가지 원리를 설명한다.

　첫째, 커뮤니케이션은 지각perception이다. 커뮤니케이션을 하는 사람은 그것을 하는 사람이 아니라 이를 받아들이는 사람이다. 다른 사람과 말을 할 때는 듣는 사람의 경험에 맞추어 말해야만 한다. 듣는 사람의 언어로, 그가 사용하는 용어로 말해야만 대화를 할 수 있다. 눈높이에 맞추지 않으면 사람들은 수용하지 않는다. 그렇기 때문에 커뮤니케이션할 때 늘 지금 하는 말이 상대의 지각범위 안에 있는지를 판단해야 한다.

둘째, 커뮤니케이션은 기대expectation다. 사람들은 듣고 싶은 것만을 들으려 한다. 기대에 따라 들리기도 하고 들리지 않기도 한다. 같은 정보도 기대의 틀에 맞춰 필터링을 한다. 듣고 싶은 것만 들어오고 듣기 싫은 것은 들리지 않는다.

셋째, 커뮤니케이션은 무언가를 요구한다. 커뮤니케이션이 듣는 사람의 욕구, 가치관, 목적에 부합하면 강력한 힘을 발휘한다. 반대로 내용이 듣는 사람의 가치관과 부합되지 않으면 커뮤니케이션은 이루어지지 않는다.

넷째, 커뮤니케이션과 정보는 다르다. 둘은 대립관계에 있으면서 동시에 상호의존관계에 있다. 커뮤니케이션은 지각이고 정보는 논리다. 정보는 공식적이고 그 자체로는 아무 의미가 없다. 인간과는 무관하다. 정보는 정서, 가치관, 기대, 지각으로부터 해방되면 될수록 정보로서의 타당성과 신뢰성이 높아진다. 그러나 정보는 커뮤니케이션을 전제로 한다. 커뮤니케이션에 있어 가장 중요한 것은 정보가 아니라 지각이다. 같은 정보를 어떤 형태로 전달할지를 생각해야 한다.

희생과 헌신을 강조하는 오너를 본 적이 있다. 자신을 포함한 모든 사람이 회사를 위해 희생하고 헌신해야만 한다는 것을 수시로 강조한다. 하지만 직원들은 냉소적이다. 자신이 회사를 위해 희생하고 헌신해야 하는 이유를 알 수 없기 때문이다. 당연하다. 오너의 철학 자체는 옳을지 몰라도 그것을 전달하는 커뮤니케이션에 문제가 있기 때문이다. 자기 입장이 아닌 직원 입장에서 이를 볼 수 있어야 한다.

막연하게 희생과 헌신을 얘기하기 전에, 왜 희생하고 헌신해야 하는지, 희생하고 헌신했을 때 직원들에게 돌아오는 것이 뭔지를 얘기할 수 있어야 한다. 희생하고 헌신해봐야 자기 몸은 망가지고 오너의 호주머니만 불린다고 생각하면 하고 싶어도 할 수 없는 것이다. 사람이란 자신에게 도움이 된다고 생각하면 그런 얘기를 하지 않아도 알아서 헌신하지만 도움이 되지 않는다고 판단되면 무슨 얘길 해도 먹히지 않는다.

커뮤니케이션은 경영의 가장 중요한 도구다. 커뮤니케이션을 통해 직원을 움직일 수 있다. 커뮤니케이션을 통해 보이지 않는 것을 팔 수 있다. 보이지 않는 비전, 자신의 생각과 가치관을 팔 수 있다. 핵심은 내가 아닌 상대 입장에서 상황을 보는 것이다. 상대 입장을 볼 수 없으면 커뮤니케이션을 할 수 없다.

회사가 조금만 어려워져도 직원들을 모아놓고 엄숙한 얼굴로 "초경쟁 시대에 살아남기 위해 뼈를 깎고 허리띠를 졸라매자"고 연설하는 경영자가 있다. 이 얘길 듣고 직원들이 각오를 다졌다고 생각한다면 그는 인간에 대한 이해가 부족한 사람이다. 직원들은 그런 생각을 하는 대신 속으로 "그러는 당신이나 졸라매세요. 벤츠 승용차나 파세요. 골프나 그만 치세요"라고 할지 모른다. 커뮤니케이션은 내가 무슨 얘기를 했느냐가 아니라 상대가 무슨 얘기를 들었느냐이다.

'임파워먼트'에 집중하라

높은 자리에 있는 사람들에게 가장 부족한 것은 무엇일까? 바로 시간이다. 누구에게나 시간은 한정자원이다. 잘 나간다는 것은 찾는 사람이 많다는 것이다. 공급은 한정적인데 수요는 많다 보니 늘 시간 부족에 시달린다. 자칫하다간 닥치는 대로 일을 하는 동네축구를 할 수밖에 없다. 어떻게 하면 시간을 잘 관리할 수 있을까?

우선, 사용시간을 기록해야 한다. 어디에 시간이 많이 쓰이는지를 알아야 관리할 수 있기 때문이다. 생산성이 높은 시간에 일상적인 일을 하지 말아야 한다. 머리가 맑은 시간에 운동을 하는 것은 낭비다. 회의에 빼앗기는 시간도 관리해야 한다. 원칙은 명확하다. 정시에 시작하고 정시에 끝내는 것이다. 불필요한 이동을 피해야 한다. 출퇴근 시간에 몇 시간씩 쓰는 것은 낭비다. 전화로 할 수 있는 일은 전화로 하는 것이 좋다. 신문 보기, 이메일 확인, 결제 등 일상 업무는 일정 시간대에 몰아서 하는 것이 유리하다. 30분 일찍 도착해 하루 일정을 정리하고, 간섭이 없는 상태에서 몇 가지 일을 끝내는 것도 방법이다.

가장 중요한 것은 집중이다. 수술 중인 의사는 전화를 받지 않는다. 고도의 집중력을 필요로 하기 때문이다. 글이나 제안서를 쓰는 것은 고도의 집중력을 필요로 한다. 15분마다 방해를 받으면서 8시간을 일하는 것과 아무런 방해를 받지 않으면서 8시간을 일하는 것의 생산성 차이는 크다. 정말로 중요한 일을 하기 위해서는 방해받지 않는 뭉텅이 시간을 확보해야 한다. 이게 시간관리의 핵심 중 하나다.

임파워먼트도 필요하다. "임파워먼트란 자신이 할 수 없는 일을 떼어내 다른 사람에게 주는 것이 아니라 진정으로 자신에게 중요한 일에 집중하기 위해 시간을 확보하는 절실한 수단이다." 드러커의 말이다. 루스벨트 대통령의 주요

참모였던 해리 홉킨스는 건강문제 때문에 격일로 몇 시간만 근무를 했다. 하지만 처칠은 그의 탁월한 일솜씨를 언제나 극찬했다. 이와 같이 극한 상황을 가정하고 무슨 일을 할 것인가 생각하면 불필요한 일, 다른 사람이 해도 무방한 일 등에 대해 다시 한 번 생각해볼 수 있다.

"경영은 열심히 일하는 기술이 아니라 방향을 잡는 기술이다. 시간이 없다는 것은 남이 할 수 있는 일까지 경영자가 한다는 반증이다. 그렇기 때문에 경영자에게 가장 중요한 기술은 임파워먼트다. 이를 통해 경영자는 자기만의 시간을 확보해야 한다." 드러커의 말이다.

바쁜 경영자를 조심해야 한다. 바쁠 망忙이란 한자를 보면 마음 심자에 망할 망자다. 정신줄을 놓았다는 말이다. 바쁘다는 것은 뭔가 잘못된 방식으로 일을 한다는 것을 의미한다. 우선순위를 다시 살펴야 한다. 우선순위가 잘못되어 있을 가능성이 높다. 정작 자신이 해야 할 일은 하지 않고 자신이 하지 않아도 될 일을 하고 있을 가능성이 높다. 이렇게 되면 조직이 손실을 입는다. 리더로서 마땅히 해야 할 일을 하지 않기 때문에 그 부분에 공백이 생기기 때문이다.

조직에는 리더가 하지 않으면 안 되는 일이 있다. 방향설정, 비전에 직원들을 동참시키는 일, 가치를 바로잡는 일 등은 리더가 하지 않으면 안 되는 일이다. 다음은 개인의 손실이다. 우선은 리더 당사자의 손실이다. 하지 않아도 되는 일을 하다 보면 시간부족에 시달린다. 정작 해야 할 일은 하지 못하고 심신이 피폐해진다. 그를 만나고 싶어 하는 부하 혹은 고객과도 시간을 갖지 못한다. 그 일을 해야 하는 당사자도 손실이다.

직원들은 일을 통해 성장한다. 하지만 상사가 그 일을 하기 때문에 일을 배우는 기회가 사라지면서 성장의 기회를 빼앗기게 되는 것이다. 리더십의 핵심은 시간관리이고 시간관리의 핵심은 우선순위의 설정과 그에 따른 일처리다. 당신은 어떤가?

리더의 시간관리

"시간은 리더에게 가장 중요한 자원이다. 시간을 관리하지 못하는 리더는 다른 것도 관리할 수 없다." 리더의 시간관리는 조직의 생산성과 연계되기 때문에 방심할 수 없는 주제다. 열심히 일을 해도 분주하고 정신만 없을 뿐 생산성이 오르지 않을 때는 개인적 측면과 조직적 측면으로 나누어 생각해보아야 한다.

우선 개인적 측면이다. 이를 개선하기 위해서는 자가진단을 해야 한다. 우선 사용시간을 기록하고 내용을 분석해 불필요한 낭비요인을 제거해야 한다. 만찬참석, 연설, 위원회 참석 등이 대표적이다. 이런 일상 업무가 시간을 많이 잡아먹는다. 만약 이 일을 하지 않아도 별일 없다면 그 일은 안 해도 된다.

둘째, 남들도 할 수 있는 일을 하지 말아야 한다. 과감하게 임파워먼트해야 한다. 불필요한 일을 하는 경우도 있다. 직급이 높은 사람이 솔선수범한다고 팩스 보내고 복사하는 경우도 있고, 운전을 직접 하느라 체력을 소모하고(일정 규모가 넘으면 사장의 몸값을 따져보아야 한다. 그 비싼 사람이 복사를 하고 운전을 하는 것은 낭비다) 남이 할 일까지 자신이 하는 경우도 있으며, 남에게 위임해도 좋을 일까지 자신이 하는 경우도 있다. 일이 많다는 것은 권한과 능력의 상징이 아니다. 무능함과 의심 많음의 상징일 뿐이다. 시간관리를 위해서는 선택하고 집중해야 한다.

셋째, 다른 사람의 시간을 낭비하지 말아야 한다. 관리자는 부하직원의 시간을 관리해야 한다. 쓸데없는 지시와 통제로 시간을 빼앗으면 안 된다.

다음은 조직적 측면이다. 첫째, 시스템 부재로 인한 시간 낭비다. 특정 계절에 재고가 많은 경우가 있다. 이럴 때는 계절 변화에 따라 생산량을 유연하게 만들면 된다. 해답은 일상화다.

둘째, 인원 과다로 인한 시간낭비다. 두 명이 이틀에 하는 일을 네 명에게 준다면 얼마나 시간이 걸릴까? 4일 이상 걸릴 것이다. 상호작용하고 의견 조율하는 데 시간이 걸리기 때문이다. 9인조 배구가 6인조 배구에게 지는 이유도 인원과다 때문이다. 지식노동자의 인력과 시간의 상호관계는 계산이 불가능하다. 사람 간 갈등 해소, 부서 간 의견 조율에 너무 많은 시간을 쓰고 있다면 인력이 과다하다는 증거다.

셋째, 회의의 과잉도 그렇다. 지나치게 회의가 많다는 것은 조직구조가 잘못되었다는 증거다. 만약 업무시간의 4분의 1 이상을 회의에 사용한다면 그 조직은 문제 있는 조직이다. 이상적인 조직에서는 회의가 필요 없다. 불필요한 조직의 세분화, 책임과 권한의 분산, 정보 공유의 부재, 과도한 정보 혹은 사람 등은 생산성을 떨어뜨린다.

시간의 유무에 따라 부자를 판단한다면 대부분 경영자는 시간 가난뱅이다. 시간은 유한하다. 저축할 수도 없고 재생산할 수도 없다. 시간의 공급측면보다 중요한 것은 수요측면이다. 경영자 시간의 주요 수요자는 직원들이다. 그들은 경영자 시간의 반을 쓴다. 그들은 경영자 시간을 자유재로 생각한다. 공짜로 여긴다. 수요가 늘 공급보다 크다. 기업 내에서 직원들의 자질구레한 서비스는 통제하면서 가장 중요한 경영자의 시간을 쓰는 것에 대해서는 별다른 통제가 없다. 잘못이다.

이를 바로잡기 위해서는 경영자의 시간에 값을 매기고 필요로 하는 사람은 어떤 형태로든 그 비용을 부담하게끔 해야 한다. 시장원리에 맞추어야 한다. 최고경영자는 모든 임직원에게 각자의 시간이 특히 경영자의 시간이 매우 비싼 상품이란 생각을 갖게 해야 한다. 그러면 회사 내에서 중요하지도 않은 일로 남의 시간을 함부로 쓰는 일은 줄어들 것이다.

시간관리는 오래된 화두다. 여기서 기억해야 할 것은 경영자의 시간이 가장 소중한 자원이란 생각이다. 정말 맞는 말이다. 직급이 높을수록 시간이 부족하다. 직원들은 그 사실을 명심해야 한다. 만일 경영자와 만나는 시간을 돈으로 환산해 월급에서 그만큼 제한다고 하면 어떤 일이 벌어질까? 5분에 100만 원을 내라고 하면 어떨까? 근데 사실은 그만큼을 지불하고 있는 셈이다. 직급이 높은 사람들은 스스로 자기 시간의 소중함을 깨닫고 시간관리에 만전을 기해야 한다. 경영자의 시간을 무한정 요구하는 직원들도 경영자의 시간에 대해 새롭게 생각해야 한다. 경영자의 시간을 함부로 빼앗아서는 안 된다.

리더십, 본질을 살펴라

리더십은 자질과 관계없고 카리스마와는 더더욱 관계가 없다. 리더십은 평범한 것이며 낭만적이지도 않고 지루한 것이다. 리더십의 본질은 성과에 달려 있다. 리더십은 자체로는 좋은 것도 바람직스러운 것도 아니며 오직 수단이다. 문제는 어떤 목적을 위한 리더십인가 하는 것이다. 스탈린, 히틀러, 마오쩌둥보다 더 카리스마적인 지도자는 없다. 아이젠하워, 마셜, 해리 트루먼은 뛰어난 지도자였지만 카리스마는 없었다. 아데나워도 마찬가지다.

리더십은 도대체 무엇인가? 이를 위해서는 무엇이 필요한가?

첫째, 조직의 사명을 깊이 생각하고, 규정하고, 명확하고 뚜렷하게 설정해야 한다. 목표를 설정하고, 우선순위를 결정하며, 기준을 설정하고 유지해야 한다.

둘째, 리더십은 계급이나 특권이 아니라 책임이다. 어리석은 리더는 동료나 부하의 힘을 두려워하기 때문에 유능한 동료와 부하를 제거한다. 효과적인 리더는 유능한 동료를 원하고, 그들을 격려하고 지지하며, 실수에 대해서는 자신이 책임진다. 그들의 성공을 위협이 아닌 자신의 성공으로 생각한다. "모든 책임은 여기서 끝난다." 트루먼의 말이다.

셋째, 리더십은 강점을 활용하는 것이다. 혼자 일하는 사람에게 리더십은 필요 없다. 리더십은 같이 일하는 사람의 강점을 보고 이를 최대한 활용하는 것이다. 남북전쟁 당시 그랜트 장군은 많은 성과를 내고 있었다. 하지만 주변에서 그랜트가 술을 너무 좋아한다고 비난하는 사람들이 많았다. 이 얘기를 들은 링컨은 이렇게 말했다. "그가 무슨 술을 좋아하는지 알아오세요. 다른 장군들에게도 한 통씩 보내고 싶네요." 그의 메시지는 명확하다. "세상에 단점 없는 사람이 어디 있는가? 하지만 나는 그 사람의 강점을 보고 그 강점을 최대한 활용하고 싶다. 한두 가지 단점 때문에 그 사람을 버리고 싶지는 않다."

왜 비즈니스를 하고 있는가? 여러분 조직으로 인해 어떤 효용성이 있는가? 혹시 여러분 조직은 사라져주는 것이 도움이 되는 것은 아닌가? 사람은 생명 그 자체로 존재의 의미가 있다. 하지만 어떤 조직은 없어져주는 것이 사회에는 큰 도움이 될 수 있다. 그렇기 때문에 리더들은 자기 조직 존재의 이유를 생각해야 한다. 그것이 첫째 과제다.

리더십의 본질은 **영향력**이다. 영향력이 있으면 누구나 리더가 될 수 있다. 반면 높은 위치에 있더라도 아무런 영향력을 행사할 수 없다면 그는 더 이상 리더가 아니다. 그것은 자신이 갖고 있던 것이 사라졌을 때 그 정체를 드러낸다. 내가 가진 직위, 돈, 명예 등이 없을 때 사람들이 어떻게 행동할 것인가를 생각해보면 자신이 어떤 리더인지 알 수 있다.

리더는 자기가 원한다고 되는 것이 아니다. 남들이 인정을 해야 리더가 된다. 높은 자리에 올라갔다고 리더가 되는 것도 아니다. 간디 같은 사람은 공식적인 직함은 없었지만 엄청난 영향력을 가졌다. 그래서 누구나 그를 리더로 인정했다. 높은 자리에 있긴 하지만 아무도 리더로 인정하지 않는 사람이 있다. 사람들은 그가 가진 파워 때문에 앞에서는 비굴한 태도를 보이지만 그가 보이지 않는 곳에서는 무시하고 경멸한다. 리더십은 영향력 그 이상도 그 이하도 아니다. 지위와 돈에서도 영향력이 나오지만 이런 것에 의존한 리더십은 지위와 돈이 사라지면 같이 사라진다. 여러분은 어떤가?

정보화시대의 **리더십**

홍수 때 가장 귀한 것이 무엇일까? 바로 생수다. 물난리가 났을 때 마실 물이 귀하다는 것은 모순처럼 들린다. 하지만 사실이다. 정보의 시대에도 그렇다. 정보의 시대에도 가장 귀한 것은 정말 쓸 만한 정보다. 정보의 양보다는 정보의 질이 중요하다. 적은 것이 더 많은 것이다Less is more.

1870년도 지구상에서 가장 효과적인 조직은 인도에 주둔하는 영국군대였다. 천 명 미만의 사람으로 전 인도를 통치했다. 어떻게 이런 일이 가능했을까? 명확한 정보수집과 이를 통한 의사결정 때문이다. 봄베이, 마드라스, 캘커타 같은 큰 동네에는 부총독이 있었다. 그 밑에 장교가 있고 장교와 부총독 사이에는 순회회계감사와 감독관이 있을 뿐이다. 다른 명령계층은 일체 없다. 이들의 평균 나이는 25~26세의 젊은이들이다. 하지만 깔끔하게 일했다. 왜 그랬을까? 목표가 수정처럼 명확했기 때문이다. 이들은 세 가지 일만 하면 됐다.

첫째, 법과 질서를 유지하는 일이다. 둘째, 서로 죽이는 일을 예방하는 일이다. 인도 역사를 통틀어 이 시기에 종교분쟁이 가장 적었다. 셋째, 세금 거두는 일이다.

이들은 매주 토요일 보고서를 썼다. 지난 주 예상했던 일과 실제 무슨 일이 일어났는가를 썼다. 예상했지만 일어나지 않았다면 왜 그랬는지도 써야 한다. 다음 주에 어떤 일이 일어날 것으로 예상하는가를 써야 한다. 모든 보고서에는 명확한 목표와 측정 가능한 결과가 포함되었다. 이게 정보다.

정보가 많다고 좋은 것은 아니다. 필요한 정보를 필요할 때 꺼낼 수 있어야 한다. 일류 의사는 필요로 하는 순간 필요로 하는 정보를 끄집어낼 줄 안다. 대상, 환경, 이슈가 다른 대상을 상대로 한 강의도 그렇다. 그들이 무엇을 필요로 하는지 파악해 그때그때 필요한 정보를 제공할 수 있어야 한다. 일도 그렇다. 이 일을 위해 어떤 정보가 필요한지가 제일 중요하다. 필요한 정보와 필요 없는 정보를 구분할 수 있어야 한다. 불필요하게 많은 정보는 인식을 돕지 않는다. 인식을 흐려놓을 뿐이다.

리더십의 핵심은 우선순위 결정에 있다. 우선순위를 보면 그 사람이 괜찮은 리더인지 아닌지 알 수 있다. 우선순위는 가치관에 따라 달라진다. 정말 해야 할 일은 효과적으로 잘하는 것이 제대로 된 리더다. 반대로 절대 해서는 안 되는 일을 효과적으로 하는 것은 최악의 리더다. 별 볼 일 없는 일에 시간을 쓰느라 정작 중요한 일을 하지 못하는 리더가 얼마나 많은가? 여러분의 우선순위는 어떻게 되는가? 그 일을 하기 위해 꼭 필요한 정보는 무엇인가? 그 정보가 어디 있는가? 혹시 불필요한 정보의 홍수에서 헤매고 있는 것은 아닌가?

일에 순서를 **부여하라**

"할 일이 너무 많아 정신이 없어. 이것도 하라면서 저것도 하라면 도대체 나보고 어떻게 하라는 것이냐"라는 불평을 자주 한다. 하지만 세상은 원래 그렇다. 한 가지 일이 끝날 때까지 다른 일은 하지 않아도 되는 그런 삶은 없다. 한 가지 일만을 해도 되는 사람은 갓 태어난 아이밖에 없다. 쉬운 일만 계속하면 절대 실력이 늘지 않는다. 과도하다 싶을 정도의 일을 동시에 처리할 때 일 근육이 생기고 업무의 생산성이 올라간다. 동시에 많은 일을 할 때 중요한 것은 바로 우선순위 확립이다. 중요한 일과 덜 중요한 일을 구분하고 지금 해야 할 일과 나중에 해도 되는 일을 파악하는 능력이다.

드러커는 우선순위 결정을 위해 다음 네 가지를 얘기했다. 과거가 아닌 미래를 기준으로 선택할 것, 문제가 아니라 기회에 초점을 맞출 것, 현재 인기를 누리는 것이 아닌 자신의 독자적인 방향을 선택할 것, 무난하고 달성하기 쉬운 목표가 아니라 뚜렷한 차이를 낼 수 있는 높은 목표를 노릴 것 등이 그것이다.

이 말에 대해 어떻게 생각하는가? 현재 당신 조직은 어떻게 행동하는가? 아마 대부분 반대로 할 것이다. 미래를 생각하기보다는 과거의 잘잘못을 따지고 원인분석에 시간을 쓰느라 미래의 기회를 놓치고 있을 수 있다. 인재를 문제가 있는 곳에 배치해 기회를 놓치고 있을 수도 있다. 남들을 벤치마킹하느라 모든 자원과 에너지를 쓰고 있을 수 있다.

정말 중요한 일을 하기 위해서는 덜 중요한 일을 먼저 버릴 수 있어야 한다. 그래야 집중할 수 있다. "모든 것을 한꺼번에 다 가질 수 없고, 모든 것을 한꺼번에 다 할 수 없다는 것을 알게 되었다." 오프라 윈프리의 말이다. "초점을 맞추기 전까지 햇빛은 아무것도 태우지 못한다." 알렉산더

벨의 말이다.

일을 잘하는 사람은 우선순위가 명확하다. 일을 잘하기 위해서는 늘 자신에게 "우선순위가 높은 세 가지 일은 무엇일까? 나는 지금 순위에 맞게 일을 하고 있는가?"라는 질문을 던질 수 있어야 한다.

일을 허둥지둥 처리하는 사람들에게는 치명적인 세 가지 특징이 있다. 첫째, 우선순위에 상관없이 행동과 실천이 느리다. 항상 분주하지만 엉뚱한 일에 매달려 있다. 즉시 행동하지 않고 중요한 일을 미룬다. 항상 책상 위에는 밀린 일이 잔뜩 쌓여 있다.

둘째, 업무의 우선순위를 파악하지만 그것을 무시하고 동시에 모든 일을 진행시키는 것이 중요하다고 믿는다.

셋째, 이 버릇은 자신은 물론 다른 사람에게 스트레스를 준다. 마감시간에 임박해 일을 끝내기 때문에 이를 바라보며 걱정하는 주변 사람들도 역시 스트레스를 받는다.

우선순위는 리더십의 핵심이다. 우선순위를 모르면 개인도 망치고 조직도 망친다. 폰 만슈타인 장군은 독일 군대에 대해 이렇게 얘기했다. "장교에는 네 가지 타입이 있다. 첫째, 게으르고 멍청한 놈들이다. 이들은 가만둬도 별로 해를 끼치지 않는다. 둘째, 열심히 일하는 똑똑한 놈들이다. 이들은 작은 부분까지 제대로 파악하므로 훌륭한 참모장교가 될 것이다. 셋째, 죽어라 일만 하지만 멍청한 놈들이다. 위험한 놈들이니 당장 잘라야 한다. 마지막은 똑똑하고 게으른 놈들이다. 이들이야말로 최고위직에 가장 적합한 놈들이다."

이 말의 핵심은 바로 우선순위를 알고 우선순위에 따라 일하는 사람이 최고의 리더란 말이다. 당신은 어떤가?

과업에 꼭 **맞는 조직**

조직은 온갖 종류의 사람들이 온갖 종류의 일을 하는 곳이다. 개인의 책임이 명확하고 커뮤니케이션이 활발해야 한다. 자신의 목표가 무엇이고, 어떤 도움을 받아야 하며, 다른 사람의 과업을 위해 어떤 일에 헌신해야 하는지 상호간에 명확한 이해가 있어야 한다. 어떤 조직을 만들 것인가에 대한 해답은 없다. 아무도 우리에게 무엇을 하라고 알려주지는 않는다. 무엇을 하지 말라고 얘기할 뿐이다. 무엇이 잘될 거라고 얘기하지 않는다. 무엇이 문제될 것이라고 얘기한다. 조직설계는 건축법과 똑같다. 어떤 집을 지으라고 얘기하지 않는다. 오직 이런 집을 지어서는 안 된다고 애기한다. 과업에 맞는 조직구조를 찾아내는 일이 아주 중요하다.

드러커가 생각하는 조직의 원칙은 이렇다. 우선 투명해야 한다. 직접적이고 간단해야 한다. 속도와 방향전환이 적어야 한다. 최종의사결정권자는 한 사람이어야 한다. 주인이 셋인 노예는 자유인이다. 계층 숫자가 적어야 한다. 전달 단계에 비례해 잡음은 두 배로 늘어나고 메시지는 반으로 줄어든다. 가톨릭 조직이 그렇다. 교황, 주교, 사제 오로지 세 단계뿐이다. 미래 경영자를 훈련하고 평가할 수 있어야 한다. 후보평가는 장기플랜이다. 스스로 달성한 성과를 토대로 선발하고 평가해야 한다.

조직에는 크게 두 가지 모델이 있다. 연방적 분권조직Federal Decentralization과 기능적 분권조직Functional Decentralization이 그것이다. 연방적 분권조직은 독립적인 제품과 시장을 갖고 있고 각자가 책임을 진다. 1923년부터 GM이 사용한 사업부제가 대표적이다. 캐딜락, 쉐볼레, 올즈모빌, 폰티악같이 브랜드별로 사업부를 분리했다. 완전 다른 회사나 마찬가지다. 같은 GM 이름만 사용할 뿐이다. 부품사업도 별도의 사업부로 운영한다. 이렇게 하는 이유는 명확한 목표와 이에 따른 책임 때문이다. 사업부장의 비전은 성과와 직결된다. 미래 성장사업을 추구할 수 있다. 기능적 분권조직은 단계별로 부서를 만든다. 연구, 생산, 마케팅, 재무 등등. 이 두 개의 조직은 상호보완적이다. 전사차원에서는 연방적 분권조직을 사용한다. 사업부 내에서는 기능별 조직을 갖는다.

조직은 곧잘 스포츠에 비유할 수도 있다. 야구팀 같은 조직, 축구팀 같은 조직, 복식 테니스팀 같은 조직이 그것이다. 야구는 역할이 명확하게 구분되어 있다. 아무리 급해도 외야수가 투수 역할을 하지는 않는다. 축구는 역할 구분이 있긴 하지만 필요에 의해 다른 역할도 한다. 수비수도 가끔은 골을 넣는 것은 이 때문이다. 복식 테니스는 역할 구분이 없다. 볼이 오면 유리한 위치에 있는 사람이 쳐내야 한다.

조직설계가 잘못되면 문제가 생긴다. 조정위원회가 많아지는 것, 업무연락이 잦은 것, 공식채널만으로 일을 하려는 것, 연령이 한쪽으로 편중되어 있는 것 등은 조직설계가 잘못되어 있다는 시그널이다.

고수는 복잡한 문제를 간단하게 만들고 하수는 간단한

문제를 복잡하게 만든다. 드러커는 복잡하게 보이는 조직의 문제를 간단하게 정의했다. 개신교와 가톨릭을 보면 명확하다. 개신교는 철저한 분권형이다. 종교만 같을 뿐 하는 방식은 종파에 따라 많이 다르다. 목사에 따라 품질의 차이가 크다. 가톨릭은 철저한 중앙집권이다. 모든 것이 바티칸의 정책에 따라 달라진다. 신부가 할 수 있는 일은 많지 않다. 당연히 보수적이고 유연성이 떨어진다. 대신 일정 품질이 유지된다. 당신 조직은 어떤가? 현재 어떤 문제를 갖고 있는가?

조직의 존재
목적을 기억하라

조직은 왜 존재하는가? 반드시 존재해야 할 가치가 있는
가? 조직은 존재만으로는 가치가 없다. 조직은 수단에 불
과하다. 모든 조직은 자신에게 주어진 사회적 과업을 수행
하기 위해 존재한다. 생명이 있는 생물체는 존재 그 자체
가 목적이지만 조직은 개인과 사회를 위해 구체적 공헌을
해야만 한다. 조직은 자신의 목적을 어떻게 결정하는가?
성과 향상을 위해 자원을 어떻게 활용하는가? 성과를 어
떻게 측정하는가? 업의 본질이 무엇인가에 대한 분명한 대
답을 갖고 있어야 한다. 그렇지 않으면 자원은 낭비되고 분
산된다. 조직의 목적을 결정하는 데 과학적 방법이란 없다.

그것은 가치의 문제이자 정책의 문제다.

모든 조직은 서로 다른 목적을 갖고 있고 사회적 과업도 다르다. 하지만 목적과 과업 달성을 위한 경영 측면에서는 본질적으로 유사하다. 모든 조직은 서로 다른 지식과 기술을 가진 사람들로 하여금 공동의 성과를 달성할 수 있도록 해야 한다. 구성원 개개인의 욕구 및 기대와 조직 목적 사이에 균형을 유지해야 한다. 개인의 자유와 유연성을 확보하면서 동시에 조직 내 질서를 유지해야 한다.

모든 조직은 권력을 갖고 있으며 권력을 행사한다. 모든 조직은 자기 행동에 대해 책임을 져야만 한다. 조직이 창출하는 결과는 기업 외부에 있다. 내부인이 판단할 수 없고 오로지 외부인이 판단할 수 있다. 병원은 병원에 근무하는 사람을 위해 존재하지 않는다. 환자를 위해 존재한다. 교과부의 정책 결정에 있어 그것이 교과부 사람들 이익에 부합하는가 하는 점은 전혀 고려 대상이 아니다. 그들의 이해당사자가 누군지, 그들이 무엇을 원하는지, 필요로 하는지에 따라 결정되어야 한다.

자동차 회사에서 종업원을 대상으로 신차 모델에 대한 찬반투표를 벌이는 것은 아무 의미가 없다. 중요한 것은 소비자가 그 신차모델을 구입하느냐 외면하느냐이다. 모든 조직은 자기 목적을 분명하게 규정할수록 더욱 강한 조직이 될 수 있다. 성과를 측정하는 기준과 방법이 구체적일수록 목적을 더 잘 달성할 수 있다.

기업의 존재 목적을 가장 잘 표현하고 실천한 사람 중 하나는 세계적인 제약회사 머크를 만든 윌리엄 머크 회장이다. 이 회사는 백 년이 훨씬 넘는 역사를 가진 존경받는 회사다. 그는 기업의 존재 이유에 대해 이렇게 말했다. "의약품은 환자를 위한 것이지 이윤을 위한 것이 아니다. 이 사실을 결코 잊지 않기 위해서 부단히 노력해야 한다. 이것만 제대로 기억한다면 이윤은 저절로 따라온다. 더 잘 기억할수록 이윤은 더 커진다."

여기서 중요한 것은 '의식적으로 노력하라는 말'이다. 대부분의 사람들은 선의로 기업을 경영하고 있지만 단기목표, 비상상황, 여기저기서 터지는 사건 사고에 대응하다 보면 이 중요한 사실을 잊는다. 시장으로부터의 압력이 워낙 거세고 안팎으로 달성해야 할 목표들에 치여 자주 존재 목적을 잊고 산다. 잊기 쉽다. 하지만 그럴수록 우리가 왜 존재하는지를 생각해야 한다. 자주 기억할수록 이익은 더 커진다는 말을 기억해야 한다.

어떤 조직은 사라져주는 것이 인류에게 도움이 된다. 어떤 조직은 반드시 필요하다. 당신 조직은 어떤가? 혹시 이해당사자들에게 고통만 주는 것은 아닌가? 그렇지 않다는 것을 어떻게 증명할 수 있는가?

조직의 사명을
분명히 하라

당신 조직의 사명은 무엇인가? 모든 사람들이 그 사명을 몸과 마음으로 받아들이는가? 생활에도 적용하는가? 늘 살아 숨 쉬는가? 있긴 하지만 액자 속에서만 존재하는 것은 아닌가?

조직 사명서는 조직이 존재하는 이유를 설명한다. 리더에게 중요한 것은 영도력 그 자체가 아니라 그가 생각하는 사명이다. 히틀러, 스탈린, 마오쩌둥은 위대한 영도력을 갖고 있었지만 인류에게 큰 고통을 주었다. 사명이 없었기 때문이다. 사명이 있더라도 잘못된 사명 때문이다. 사명은 조직을 이끈다.

성공적인 조직의 사명을 보자. '어린 소녀들이 자신에 대한 확신을 가지고 떳떳이 살 수 있는 훌륭한 여성으로 자라는 것을 도와준다', 걸 스카우트의 사명이다. '사회에서 버림받은 사람들을 시민으로 환원시키는 일', 구세군의 사명이다. '우선은 미국의 농민들을 위하여, 다음엔 미국의 전 가정을 위하여 올바른 정보를 가지고 책임 있는 구매자가 되는 것', 시어즈의 사명이다.

이처럼 조직의 사명은 중요하다. 이는 조직을 이끄는 나침반 같은 존재다. 사명이 확실하면 논쟁이 줄어든다. 이 일을 할 것인지 말 것인지 상사에게 갖고 갈 필요가 없다. 사명에 비추어 정답이 뭔지를 생각하면 되기 때문이다.

성공적인 사명서를 위해서는 첫째, 실적을 소홀히 하면 안 된다. 할 수 있는 일을 해야 한다. 병원이 잘할 수 있는 일은 병의 예방보다 병을 치료하는 것이다. 잘할 수 있는 일이 무언지 정의해야 한다.

둘째, 주위에서 요구하고 필요로 하는 것이 무엇인지 신속하고 세밀하게 파악해야 한다. 이해당사자의 요구를 파악해 반영해야 한다.

셋째, 하는 일에 확신을 가져야 한다. 주관이란 어떤 의미에서 극히 주관적이고 개인적이고 가치와 연계된 것이다. 따라서 혼신의 힘을 다해야 한다. 또 이런 사명을 성공적으로 수행하기 위해서는 기회 포착을 위한 감수성, 거기에 대응할 수 있는 전문지식, 전심전력의 각오와 확신이 필요하다.

서울역에서 모 기업 대리점 사장들이 데모하는 모습을 보았다. '겉으론 천사인 척, 속은 악마인 모 회장은 물러나라'란 피켓이 보인다. 얼굴은 분노로 가득 찼다. 속사정이야 모르고 함부로 한쪽 편만을 들 수는 없지만 뭔가 사정이 있음에 틀림없다. 그 모습을 보면서 조직의 목적을 생각하게 된다. 둘 중 한쪽은 꼭 손해를 보는 것이 비즈니스일까? 둘 다 승승할 수는 없을까?

M&M 초콜릿을 만드는 마즈란 글로벌 기업의 핵심가치 중 하나는 상호이익Mutuality이다. 상호이익이란 이해당사자에게 도움이 되어야 한다는 것이다. 심지어 경쟁자에게도 도움이 되어야 한다는 것이 그들의 철학이다. 말뿐이 아닌 행동까지 그러하다. 워낙 큰 회사라 별도의 물류회사, IT 회사 등을 만들 수도 있지만 하지 않는다. 그렇게 되면 기존 협력업체들이 피해를 입을 수 있다는 것이다.

조직생활을 하는 사람 중 그 조직이 지향하는 사명이나 가치에 대해 생각하는 사람이 있을까? 있어도 극소수일 것이다. 대부분의 사람들은 사명이나 가치 같은 문제는 사치로 생각한다. 그보다는 돈이 되느냐, 안 되느냐, 어떻게 하면 더 많은 돈을 벌 것이냐 같은 문제에 집중한다. 당연히 수단보다는 결과를 중시하게 된다. 다소 잘못된 수단이라도 결과만 있으면 그 사람을 높이 평가한다. 하지만 성과보다 더 중요한 것은 그 조직이 지향하는 사명과 가치다.

당신 회사가 지향하는 사명과 가치는 무엇인가? 그것이 일상생활에서 구현되고 있는가? 지속적으로 성장하고 싶다면 지금이라도 조직이 지향하는 사명과 가치를 분명히 하라. 또 이를 실천할 수 있는 구체적 행동지침을 마련하고 구성원들이 그대로 할 수 있도록 하라.

인간에 관한 과업
'경영Management'

케인스가 경제학을 발명했다면 드러커는 경영학을 발명했다.
그는 20세기 최고의 교육자, 철학자, 컨설턴트로 손꼽힌다.
평생 40여 권의 책을 썼고 수많은 논문과 칼럼을 썼다.
경영학 용어와 원칙을 창조했다. 마이클 해머는 이렇게 말했다.
"그는 아리스토텔레스, 뉴턴에 필적하는 인물이다.
현재 유행하는 경영학 연구와 개념의 뿌리는 드러커다."

드러커는 경영학을 발명했다.
20세기 최고의 교육자,
철학자, 컨설턴트로 손꼽힌다.
수많은 논문과 칼럼을 썼다.
경영학 용어와
원칙을 창조했다.

경영이란 무엇인가

무슨 일이든 제대로 하기 위해서는 그 단어에 대해 정확한 정의를 내릴 수 있어야 한다. 경영이 대표적이다. 경영이란 무엇일까를 끊임없이 생각하고 경영에 대해 나름 정의를 내릴 수 있어야 한다. 드러커가 생각하는 경영은 다음과 같다.

첫째, 인간에 관한 것이다. 경영의 과업은 서로 다른 기술과 지식을 가진 사람들로 하여금 공동의 성과를 올릴 수 있도록 하는 것이다. 강점을 활용하고, 단점이 장애가 되지 않도록 하면서 목표를 달성케 하는 것이다.

둘째, 경영은 공동의 목표를 위해 사람들을 통합하는 것이다. 이는 문화와 밀접한 관계가 있다. 과업은 같지만 그 과업을 어떻게 수행할 것이냐 하는 것은 현격하게 다를 수 있다. 문화가 일을 한다. 좋은 조직은 좋은 문화를 가졌다.

셋째, 공동의 목표와 가치관을 요구한다. 공동의 목표와 가치관이 없는 조직은 오합지졸에 불과하다. 그저 사람들이 모여 있을 뿐이다.

넷째, 구성원들에게 새로운 기회를 주고 요구에 맞춰 변화 발전할 수 있어야 한다. 배우면서 가르칠 수 있어야 한다. 훈련과 개발은 절대 중단되어서는 안 된다.

다섯째, 기업은 온갖 종류의 사람들이 온갖 종류의 일을 하는 곳이다. 따라서 커뮤니케이션과 개인의 책임이 뒷받침되어야 한다. 자기 목표가 무엇이고, 어떤 도움을 받아야 하며, 다른 사람의 과업을 위해 어떤 일에 헌신해야 하는지 상호간 명확한 이해가 있어야 한다.

여섯째, 기업의 건강과 성과를 위해 다양한 측정 방법을 개발해야 한다. 측정하고, 평가하고, 그 평가 방법을 끊임없이 개선해야 한다.

일곱째, 고객만족이다. 가장 중요하다. 이해당사자의 니즈를 파악하고 거기에 맞는 상품이나 서비스를 제공할 수 있어야 한다. 병원의 경우는 환자의 치료율이고, 학교는 10년 후 그것을 업무에 활용할 수 있는 학생들이다.

오늘날의 삼성을 만든 이병철 회장이 내린 경영의 정의는 이러하다. "기업경영은 업을 기획하는 것이다. 경영에서 경經이란 밧줄이나 끈으로 줄을 쳐놓는다는 말이고, 영營이란 줄을 쳐놓은 둘레를 두루 쌓는다는 뜻이다. 경영이란 집을 짓거나 길을 닦을 때 미리 해놓는 측량계획이다." 말 그대로 한자말을 철저하게 풀이했다. 미리 계획을 하고 계획한 대로 실행을 하는 것이 경영이란 것이다.

여러분이 생각하는 최고의 경영자는 누구인가? 드러커는 4천 년 전 피라미드를 건설한 현장 감독자와 로마의 길을 닦은 감독자들을 최고의 경영자로 꼽고 있다. 이유는 아직도 그들의 작품이 남아 있기 때문이다. 생각해보면 대단한 일이다. 4천 년 전 아무런 중장비 없이 그 엄청난 일을 어떻게 했을까? 사람을 어떻게 동원하고, 자재를 어떻게 실어 날랐을까? 복잡한 설계를 누가 하고 설계대로 어떻게 사람들을 투입해 실행했을까? 식사와 인건비는 어떻게 조달했을까?

경영의 과제,
새로움에 투자하라

드러커는 단순히 경영학자로서의 삶을 산 것이 아니다. 그는 사람에 대한 관심, 사회에 대한 기여를 중요시했다. '좋은 기업을 넘어 위대한 기업으로', '위대한 기업을 위한 경영전략' 등으로 유명한 세계적인 경영컨설턴트 짐 콜린스에게는 이렇게 충고했다. "학문적으로, 경제적으로 어떻게 성공할지에 대해서는 걱정하지 마세요. 어떻게 하면 더 나은 사회를 만들기 위해 유용한 사람이 될지를 먼저 생각하세요."

청소용역 회사인 서비스마스터의 폴라드 회장에게는 어떤 사업을 하는지 물었다. 폴라드 회장이 청소용역, 잔디

깎기, 해충방제, 경비용역 등을 한다고 답하자 드러커는 "모두 틀렸어요. 그런 사업을 하기 위해서는 사람이 필요한데, 서비스마스터 사업은 결국 사람을 선발하고, 교육하고, 개발하는 것이지요. 그게 당신이 하는 일이지요"라고 답했다.

조직은 그 자체로는 목적이 될 수 없다. 오직 수단에 지나지 않는다. '조직이란 무엇일까'라는 질문 대신 '조직이 할 일은 무엇일까? 조직의 과업은 무엇이 되어야 하는가?'라는 질문이 필요하다. 우리 사업은 무엇이고 무엇이 되어야만 하는가에 대한 해답을 갖고 있어야 한다. 물론 출발점은 고객이다. 고객을 만족시키는 것은 무엇이고, 만족 못 시키는 니즈는 어떤 것인가를 알고 있어야 한다.

기업의 목적과 사명을 정의하는 일은 어렵고 고통스러우며 위험이 따른다. 그러나 그것이 선결되어야만 사업 목표를 수립하고, 전략을 개발하고, 자원을 집중시킬 수 있다. 목표는 행동과 관련된 것이어야 하며 구체적 작업으로 전환 가능해야 한다. 작업 의욕을 불러일으키고 동기를 일으키며 작업의 평가 기준이 될 수 있어야 한다. 목표가 있어야 자원과 노력을 한 곳에 집중시킬 수 있다.

기업은 다음 여덟 가지에 대한 목표를 반드시 갖고 있어야 한다. 마케팅, 혁신, 인적자원, 재무적 자원, 물적 자원, 생산성, 사회적 책임, 이익 등이 그것이다. 그리고 다양한 목표들 사이의 균형을 생각해야 한다. 장기적인 목표와 단기적인 목표 사이의 균형, 보이지 않는 것과 보이는 것 사이의 균형을 생각해야 한다. 목표가 구성원을 구속해서는 안 된다. 그들에게 공헌해야 한다.

목표만으로 미래를 만들지는 못한다. 목표는 미래를 창조키 위해 자원을 동원하는 수단일 뿐이다. "당신 사명은 무엇인가? 지금 하는 일을 언제 그만둘 것인가? 장기적 목표달성 능력을 훼손시키고 단기적인 효율성에만 집중하는 곳은 어디인가? 사업의 목적은 무엇이어야 하는가?" 그가 기업인들에게 늘 하던 질문이다.

과제란 말이 가슴을 울린다. 수많은 과제가 있지만 그중 하나는 바로 새로운 사업의 발굴 및 육성이다. 기존사업에만 안주한다면 지속가능하지 않다. 삼성전자가 기존의 텔레비전과 전자레인지 사업에 만족해 반도체 사업에 뛰어들지 않았다면 지금의 삼성전자는 어떤 모습일까? 현대가 자동차 산업, 조선 산업에 투자하지 않았다면 오늘날 현대차와 현대중공업이란 거대한 기업이 존재할까? 만일 그랬다면 지금 한국의 모습은 어떨까? 상상하기 싫다.

개인도 그렇다. 히트곡 하나로 30년을 버티는 가수는 없다. 지금 히트곡이 잘나가도 계속 새로운 곡을 만들고 불러야 한다. 저자도 그렇고 강사도 그렇다. 책 한 권을 계속 우려먹어서는 시장에서 살아남을 수 없다. 여러분의 최대 과제는 무엇이라고 생각하는가? 그 과제에 많은 자원을 투자하고 있는가?

기업의 목적, 시장창출

왜 기업을 하는가? 기업을 하는 목적이 뭐라고 생각하는가? 흔히 사업하는 이유는 돈을 벌기 위해서라고 한다. 과연 그럴까? 이 말은 '왜 사느냐'는 질문에 '죽지 않기 위해 산다'는 대답처럼 사실인 것 같지만 진실은 아니다. 기업에 있어 이익은 목적이 아니라 제약조건이고, 의사결정의 타당성을 판정하는 기준일 뿐이다. 기업의 목적은 시장을 창조하는 것이다. 새로운 가치를 가진 제품이나 서비스를 내놓음으로써 새로운 시장을 만들어내는 것이 기업의 목적이다.

고객 없이 사업은 존재할 수 없다. 그렇다면 시장 창출

을 위해 무엇을 해야 할까? 크게 두 가지다. 마케팅과 혁신
이다. 이를 위해서는 다음 두 가지에 철저해야 한다.

첫째, 고객이 뭘 좋아하는지 발견해야 한다. 이것이 마
케팅이다. 이상적인 마케팅은 판매활동을 필요 없도록 만
든다. 우리가 팔려고 하는 것이 무엇이냐 대신 고객이 구
입하려는 것이 무엇이냐라는 질문을 던져보라.

둘째, 고객이 깨닫지 못한 욕구를 찾아내야 한다. 이것
이 이노베이션이다. 이는 반드시 새로운 제품을 발명하는
것만을 의미하지는 않는다. 기존 제품이나 서비스일지라도
새로운 용도를 찾아내면 이것 역시 혁신이라 할 수 있다.
기업이 성과를 올리는 것은 마케팅과 혁신, 단지 이 두 가
지뿐이다.

시장이란 무엇일까? 자연을 보면 시장을 이해할 수 있
다. 동물들은 생존을 위해 어떻게 하고 있는가? 먹이사슬
이 기본이다. 작은 고기는 플랑크톤을 먹고 조금 큰 고기
는 작은 고기를 먹고 등등… 아주 자연스럽다. 먹이사슬이
끊어지면 문제가 생긴다. 멸종한다. 경쟁해서 이긴 놈만 살
아남는다. 시장의 첫째 메커니즘은 생존경쟁이다. 강한 놈
만이 살아남는다는 것이다. 하지만 이것만이 시장의 속성은

아니다. 다른 특성도 있다. 상부상조, 상호부조다. 서로 도우면서 살아가는 것이다.

케냐의 북부 고원지대에 드레파놀로비움이라는 아카시아 나무의 일종이 살고 있다. 아카시아 나무가 살기 어려운 이곳에서 드레파놀로비움이라는 아카시아 나무는 잘살고 있다. 플로리다 주립대 생물학 교수들이 이유를 발견하려고 갔다. 연구를 해보니까 드레파놀로비움이라는 아카시아는 가지 끝이 뾰족하고 속이 비어 있는데 이 속에 크레마토가스터라는 0.5밀리그램짜리 개미가 산다. 아카시아 나무와 줄기를 제일 좋아하는 동물은 코끼리다. 아카시아 나무가 살아남지 못하는 이유 중 하나는 코끼리 때문이다. 코끼리가 다 뜯어 먹는 것이다.

그런데 이 드레파놀로비움이라는 아카시아 나무를 먹으면 크레마토가스터 개미들이 나와 코끼리의 콧속으로 기어들어간다. 가장 예민한 콧속을 개미들이 들어가 난리를 치니 코끼리가 견디지 못하는 것이다. 그래서 이 나무만이 살아남는 것이다. 드레파놀로비움이라는 아카시아 나무는 크레마토가스터하고 공존하는 것이다. 결과적으로 그 지역 생태계에 긍정적 영향을 주고 종의 다양성을 유지하는

데 큰 도움을 주고 있다.

　우리 인간은 시장이란 생태계 속에서 살아간다. 내가 아무리 잘나도 시장이 죽으면 나도 죽는다. 내가 속한 생태계가 무너지면 나도 무너진다. 사업을 잘하기 위해서는 우선 시장을 잘 이해해야 한다. 경쟁 못지않게 협력, 생태계에 대한 기여가 중요하다.

경영자에게 **필요한 정보**

측정할 수 있으면 개선할 수 있다. 측정할 수 없는 것은 개선할 수 없다. 우리가 개선을 못하는 이유는 그것을 정량적으로 지표로 만들지 못했기 때문이다. 경영은 말로 하는 게 아니다. 데이터에 근거해서 하는 것이다. 경영자는 나름의 관리지표가 있어야 한다. 그렇다면 경영자에게 반드시 필요한 정보는 무엇인가?

첫째, 기초정보다. 현금흐름, 유동성, 신제품 판매와 재고비율, 회사채 발행에 따른 이자와 수익의 비율 등이 그것이다. 기초 중의 기초 정보다.

둘째, 생산성 정보다. 생산성은 적은 투자로 최대의 산

출물을 얻는 것이다. 만약 어떤 기업이 자본비용 이상으로 이익을 내지 못하면 그 기업은 적자를 보고 있는 것이다. 자본비용을 포함한 모든 원가에 대한 부가가치를 측정하는 EVAeconomic value added와 벤치마킹은 모든 생산요소의 생산성을 측정하고 관리하기 위한 진단도구를 제공한다.

셋째, 역량에 관한 정보다. 시장 중 가장 왜곡되어 있는 곳은 재능시장talent market이다. 한 사람의 천재가 수백 만명을 먹여 살릴 수 있다. 어떻게 역량 있는 인재를 유도하고, 이를 유지할 수 있느냐가 기업의 생존을 좌우한다.

넷째, 자본과 인재배분에 관한 정보다. 돈이 부지런한가? 가능성이 높은 곳에 돈이 투자되는가, 아니면 엉뚱한 곳에 돈이 투자되는가? 기회가 있는 곳에 인재가 투입되는가, 아니면 그저 그런 곳에 인재들이 배치되어 있는가?

경영자는 촉이 발달해야 한다. 정보를 잘 수집하고 이를 잘 분석할 수 있어야 한다. 로스차일드 가문이 성공한 터닝 포인트는 남들보다 빨리 워털루전투에 관한 정보를 수집했기 때문이다. 삼성전자의 성공도 이병철 회장의 정보습득 능력과 분석 능력 덕분이다. 이 회장은 연말이면 동경에서 동경구상을 했다. 그가 주기적으로 동경을 방문한 것은 우리보다 앞선 동경을 보면서 새로운 사업구상을 하기 위해서다. 그의 정보 수집 프로세스는 다음과 같다.

가장 먼저 지난 한 해 방송매체들의 기획 특별 프로그램, 경제활동에 대한 총결산, 신년 전망에 대한 일본 석학이나 저널리스트의 프로그램을 빠지지 않고 본다. 이를 보면 일본 사회가 어떻게 돌아가고, 어떤 부분에 관심을 갖는지를 알 수 있다.

다음은 경제담당 기자들을 초대해 저녁을 대접하면서 이들과 애기를 나눈다. 기자들은 누구보다 촉이 발달한 사람들이다. 깊이는 없지만 냄새는 잘 맡는다. 깊은 애기를 위해 한꺼번에 부르지 않고 한 사람씩 만난다. 지난해 실적이 좋았던 업종은 무엇이고, 올해 전망은 어떤지, 그 요인은 무엇인지를 물어본다. 어떤 업종이 뜨는지, 어느 회사가 경영을 잘하는지 감을 잡을 수 있다.

다음은 흥미 있는 분야를 골라 관련 대학교수 등 저명한 학자들을 만난다. 기자들은 넓게 알고 학자들은 깊이 안다. 다음은 실제 그 일을 하는 재계의 이름난 기업인을 초청해 애기를 듣는다. 기자가 아는 것, 학자가 아는 것과 그 일을 실제 하는 경영자의 시각은 다를 수밖에 없다.

마지막은 관련 책의 구입이다. 어느 분야에 필이 꽂히면 관련 책을 수십 권 구입해서 비서실로 보내 공부할 것을 지시하고 관련 사업 검토를 지시한다. 반도체 진출은 이런 치밀한 공부의 결과다. 여러분은 어떤 정보를 갖고 일을 하는가? 부족한 정보 혹은 더 알고 싶은 정보는 무엇인가? 어떤 경로를 통해 정보를 수집하고 그것을 어떻게 분석하는가?

우선순위를 **파악하라**

경영자는 체계적인 업무 달성을 위해 단순하고 명확한 경영 개념을 가져야 한다. 이를 위해서는 세 가지 질문과 그 질문에 대한 해답을 생각해야 한다.

첫째, 경영자의 업이란 무엇인가 하는 질문이다. 경영자는 무엇 하는 사람인가? 경영자는 미래에 의미 있는 결과를 가져올 기회에 자원을 배치하고 노력하는 사람이다. 하지만 이를 소홀히 한다. 급한 일에 쫓겨 정말 중요한 일을 자꾸 지나친다. 기회보다는 당면한 문제해결에 급급해한다. 별것 아닌 과제에 자원과 시간을 낭비한다. 경영자는 투자의 우선순위를 잘 결정해야 한다.

둘째, 지금 가장 큰 문제는 무엇인가? 이를 위해서는 효과성effectiveness과 효율성efficiency을 구분할 수 있어야 한다. 효과성은 올바른 일을 하는 것이다Do the right things. 효율성은 일을 올바른 방법으로 하는 것이다Do the things right. 둘 다 중요하지만 효과성이 앞선다. 안 해도 될 일을 효과적으로 하는 것은 쓸데없는 짓이다.

셋째, 원칙은 무엇인가? 기업 활동은 80 대 20의 파레토법칙이 지배한다. 소수핵심고객과 핵심상품이 성과를 좌우한다. 그렇기 때문에 결과를 예측하고 집중 분야를 결정해야 한다.

이에 대한 대응법은 우선, 분석analysis해야 한다. 제품이 가져올 기회와 비용은 어떻게 되는가? 각 직원의 잠재적 기여는 어떻게 되는가를 따져보아야 한다. 그리고 자원배분allocation이다. 현재 자원이 어떻게 배분되어 있는가? 미래 기회를 위해서는 어떻게 배분해야 하는가? 목표로 가기 위해 필요한 것은 무언가? 등을 생각해야 한다. 마지막으로, 의사결정이다. 이 중에서 우선순위를 정해야 한다.

효과적 경영을 위해서는 자신이 무엇을 하는 사람이란 것을 확실히 하고, 효과성과 효율성을 추구하고, 원칙을 분명히 해야 한다는 것이 드러커의 주장이다. 이는 우선순위라는 결과물로 나타난다. 일의 경중과 완급을 구분해서 급하고 중요한 일에 자신의 시간과 에너지를 쏟으라는 말이다. 우선순위를 판단하기 위해서는 어떻게 해야 할까? 내가 하고 싶은 것을 하는 대신 조직이 내게 요구하는 것은 무엇일까라는 질문을 하면 답을 찾을 수 있다.

이는 조직이 처한 상황에 따라 달라질 수 있다. 신성장 동력을 찾는 일, 후계자를 양성하는 일, 급한 불을 꺼야 하는 일, 직원을 키우는 일, 적합한 사람을 키우는 일, 사업의 원칙을 바로 세우는 일 등. 급한 것과 중요성에 따라 네 가지 면을 생각할 수 있고 네 가지 면에 따라 할 일이 달라진다.

우선, 중요하고 급한 일이 있다. 우선순위 넘버원이다. 만사를 제치고 이 프로젝트에 전념해야 한다. 중요하지만 급하지 않은 일이 있다. 이런 일은 일의 마감시한을 정하고 일상에서 이 계획이 이루어지게 하면 된다. 마감시간을 잊지 마라. 중요하지는 않지만 급한 일이 있다. 하긴 해야 한다. 당신의 관여를 줄이면서 신속하게 할 방법을 찾아라. 최선은 당신이 아닌 그 일을 잘 처리할 만한 다른 사람에게 위임하는 것이다.

마지막은 중요하지도 급하지도 않은 일이다. 서류 정리 같은 반복적인 일이 그렇다. 방치하다 일주일에 한 번 시간을 내서 해치워라. 다른 사람이 하게 하거나 아예 그 일에 손대지 마라. 무기한 연기해도 상관없다.

리더십이 있는지를 알기 위해 나는 그 사람의 우선순위를 살펴본다. 우선순위를 보면 그 사람의 가치관, 원칙, 효과성 등 여러 측면을 알 수 있다. 우선순위를 정하는 일은 고도의 지적활동을 필요로 한다. 당신의 현재 우선순위는 어떠한가? 그게 옳다고 생각하는가? 바꾼다면 어떻게 바꾸고 싶은가?

기업이
저지르는 5대 죄악

다음은 드러커가 1993년 10월 2일자 〈월스트리트저널〉
에 기고한 글의 요약이다. 1993년은 미국 기업의 빙하기였
고, 일본 자동차 기업의 전성기였다. 제2의 진주만 공격이
란 말까지 나왔다. 미국 기업은 구조조정, 정리해고로 힘
든 시간을 보내고 있을 때다. '어떻게 하다 이런 일이 벌어
졌을까, 어떻게 하면 이런 실수를 반복하지 않을까'라는 취
지에서 쓴 글이다.

첫째 실수는 높은 이익률과 고가가격 숭배정책이다. 제
록스는 1970년대 복사기를 발명했다. 경쟁자가 없기 때문
에 높은 가격으로 단기간에 큰 이익을 얻었다. 이들은 불

필요한 기능을 추가하며 높은 가격을 유지했다. 캐논은 기본기능에 충실하면서도 저렴한 가격으로 승부했다. 고가 가격 정책은 경쟁자의 진입을 불러온다.

둘째, 새 제품 가격정책의 실수다. 미국기업은 시장이 수용할 수 있는 최대 수준으로 가격을 매긴다. 이렇게 되면 특허가 있어도 경쟁력을 상실한다. 고객이 외면하고 성장 기회를 놓친다. 미국 팩스회사는 초반에 고가정책을 고수했다. 일본 기업은 2~3년 후 40퍼센트 할인된 가격으로 시장에 들어왔다. 단기간에 초토화되었다. 반면 듀폰은 나일론의 가격 정책으로 오랫동안 살아남았다. 1940년대 개발한 나일론 가격은 적정가격의 5분의 2 수준이었다. 경쟁자들이 5~6년 후에나 맞출 수 있는 가격이다. 추격 의지를 잃은 경쟁자들은 시장에 들어올 엄두를 내지 못했다.

셋째, 가격은 고객에게 물어봐야 한다. 가격은 시장에서 결정된다. 당신이 원하는 가격을 고객들이 부담할 수 없으면 제품은 팔리지 않는다. 미국기업은 비용 플러스 이윤으로 가격을 정했다. 반면 일본기업은 고객이 원하는 가격에 비용을 맞추었다. 이로 인해 미국 생활가전업체는 사라졌다.

넷째, 어제의 성공이 미래 기회를 희생시킨다. IBM은 메인프레임 컴퓨터로 성공했다. 하지만 이로 인해 PC에서 실패했다. 잘못하면 메인프레임에 영향을 줄 것을 걱정해 PC 사업에 소극적으로 임했기 때문이다.

다섯째, 문제를 관리하느라 기회를 잡지 못한다. 기업의 인재를 어디에 배치했는가? 대부분의 기업은 가장 골치 아픈 문제, 경쟁자가 나타난 제품에 인재를 투입한다. 문제 해결은 손해를 막을 수는 있지만 성장 기회를 살리지는 못한다. GE는 1등, 2등 사업을 제외한 모든 사업을 정리하고 최고인재를 미래 성장사업에 배치해 성공을 거두었다.

내가 아는 강사는 늘 자신이 한국에서 최고로 몸값이 비싸다는 얘기를 한다. 시간당 기백만 원을 받는데 이를 감당할 만한 회사는 S그룹밖에 없다고도 주장한다. 강의를 들어보면 그저 그렇다. 아니 누가 저 정도의 강의에 그렇게 비싼 값을 지불할까 늘 의문을 품었다. 예상대로 그는 시장에서 사라졌다. 서래마을에 있는 모 파스타집도 그렇다. 그 집은 자칭 가격이 최고라고 얘기한다. 음식은 나쁘지 않은 수준이지 최고의 수준은 아니다. 점심에 가면 늘 내가 모시고 간 손님 외엔 없는 경우가 많다. 높은 가격 때문일 것이다.

윤석철 교수는 기업의 생존여부를 판단하는 생존부등식이란 걸 만들었다. 원가보다는 가격이 높아야 하고, 가격보다는 가치가 높아야 생존한다는 것이다. 부등호가 클수록 그 조직은 승승장구한다는 말이다. 드러커가 주장하는 기업의 5대악 중 세 개가 가격이란 점이 놀랍다. 누구나 가격은 높이 책정할 수 있다. 중요한 건 그 가격이 경쟁자를 부르고 고객을 쫓을 수 있다는 것이다. 현재 회사제품 가격에 대한 당신 생각이 궁금하다.

성공적 **M&A 원칙**

성장의 주요 방법 중 하나는 인수합병이다. 최첨단 기술, 브랜드, 유통망, 인재 등 유무형 자산을 확보하는 것이 주요 목적이다. 드러커는 네 가지 원칙을 제시한다.

첫째, 재무가 아닌 사업전략에 기초하라는 것이다. 원칙이 중요하다. 미래사업전략과 기업목표에 따르라. 잭 웰치의 기준은 1등과 2등이다. 명확하다. 그 결과 성공했다. 사업전략에 기초한 사업 포트폴리오를 관리하라.

둘째, 인수되는 기업에 기여하라. 갑과 을의 정신을 버려야 한다. 갑을을 떠나 시너지 창출에 노력해야 한다. 트레블러스사와 시티은행의 합병이 그렇다. 이들은 시티브랜드를 쓰기로 했지만 양사 CEO가 공동대표로 취임했다. 이로써 세계 최대의 금융기업이 탄생했다.

셋째, 핵심을 공유하라. LVMH는 세계적인 명품 브랜드다. 1987년 루이뷔통과 모헷 헤네시 합병으로 탄생했다. 왜 명품 브랜드가 주류회사를 합병했을까? 업종은 달라도 최고끼리는 통하는 그 무엇이 있었기 때문이다.

넷째, 최고경영진의 탄생이다. 인수한 기업이 아닌 인수된 기업에서 최고경영진을 배출하는 것이 좋다. 인수된 기업 직원에게 승진기회를 주어야 한다. 그래야 기업 간 벽을 허물 수 있다. 핵심인재 유출을 방지할 수 있다. 시스코는 8년간 70개 기업을 인수했다. 이들은 직원 간 통합에 노력을 했다. 그래서 버블이 꺼진 후에도 건재할 수 있었다.

최근 인수합병을 하다 웅진, STX 등이 무너졌다. 인수합병을 통해 성장할 수도 있지만 인수합병을 통해 망할 수도 있다는 교훈을 우리에게 보여준다. 그렇다면 이상적인 인수합병은 어떻게 해야 하는 것일까? 2012년 4월 24일자 〈머니투데이〉 기사가 도움이 된다. 토머스 데이븐포트 밥슨칼리지 교수는 두 가지 테스트를 얘기한다. '베터오프 테스트better off test'와 '오너십 테스트ownership test'가 그것이다.

베터오프 테스트는 시너지 여부를 판단하는 것이다. 어떤 기업을 인수하거나 상호 협력했을 때 규모의 경제가 실현되는지, 가치를 높여 제품 가격을 올릴 수 있는지, 경쟁력이 강화되는지 등을 판단하는 것이다. 대부분 베터오프 테스트는 통과가 쉽다. 문제는 오너십 테스트다. 반드시 그 기업을 소유해야만 하는지의 여부를 판단하는 것이다. "굳이 이 기업을 인수하지 않더라도 협력이나 합작 등을 통해서도 충분한 시너지를 낼 수 있지 않느냐"고 묻는 것이 오너십 테스트의 핵심이다.

총 생산량이 늘어나면 평균 비용이 높아지는 문제의 발생 여부도 확인해야 한다. 어네스토 루벤 미 컬럼비아대 경영대학원 교수는 "대부분의 M&A가 베터오프 테스트는 통과하지만, 오너십 테스트는 통과하지 못한다"며 "굳이 재무적 부담을 지면서까지 대규모 자금을 투입해 다른 기업을 인수해야만 원하는 시너지를 낼 수 있는 것은 아니기 때문"이라고 말했다.

세상 모든 일이 그렇듯이 인수합병은 성장의 약이 될 수도 있고, 독이 될 수도 있다. 무엇보다 꼼꼼히 따져보고 사는 것이 중요하다. 인수합병을 하는 목적을 명확히 하고,

물리적 결합이 아닌 화학적 결합도 가능한지 보아야 한다.

인수합병이 끝난 뒤 두 조직의 시너지를 위한 PMI_{post merge}

_{integration}도 신경 써야 한다. 결코 간단한 문제가 아니다.

성장하기 위해 **도전하라**

지난 몇 년간 당신 조직은 성장했는가 아니면 쇠퇴했는가? 성장은 생존을 위한 필수조건이다. 정지는 도태를 의미한다. '지금도 먹고사는 데 지장이 없는데 무슨 성장을 해'라고 생각하는 사람이 있다. 큰 오해다. 만약 성장률이 업계 평균에 미치지 못했다면 그 기업은 도태 내지는 인수합병 혹은 매각될 가능성이 높다. 성장은 생존을 위한 필수요소다. 그렇지만 중요한 것은 제대로 성장해야 하는 것이다. 준비된 자만이 기회를 잡을 수 있다. 이를 위해서는 다음 세 가지를 점검해야 한다.

첫째, 내부적으로 성장할 준비가 되어 있는가? 기업은

직원의 성장과 궤를 같이한다. 직원이 성장해야 기업이 성장하고, 기업이 성장해야 직원도 따라서 성장한다. 중요한 건 내부의 학습 분위기다. 구성원들이 새롭고 더 많은 책임이 요구되는 일을 기꺼이 할 준비가 되어 있는가? 그렇다면 성장할 수 있다.

둘째, 성장을 위한 재무계획이다. 재무전략은 성장의 기본이다. 돈이 없으면 성장에 한계가 있다. 왜 CFO가 기업의 2인자일까? CEO는 미래방향을 제시하는 사람이다. CFO는 미래 성장을 실현하는 사람이다.

셋째, 최고경영자의 의지와 실천이다. 주변에는 성장 의지가 없는 최고경영자가 제법 있다. 어떻게 하면 이런 의지를 키울 수 있을까? 우선, 변화를 위한 최고경영자 팀을 구성해서 활동하고 그 내용을 명시하라. 조직에서 일어나는 증상에 신경을 써야 한다. 이직률이 높아지는 것, 고객이나 직원만족도가 떨어지는 것, 노조활동의 변화 등이 대표적인 시그널이다. 왜 이런 증상이 나타나는지, 어떻게 정책을 바꾸고 조직에 변화를 줄지를 고민해야 한다. 무엇보다 변화의 필요성에 공감해야 한다. 변화에 공감하지 못하는 CEO는 일선에서 물러나야 한다. 기업의 성장은 생존과 직결된다.

카메라와 필름의 대명사인 코닥은 파산했다. 코닥을 침몰시킨 직접적 원인은 디지털카메라다. 1975년 코닥은 세계 최초로 디지털카메라를 개발했지만 이를 상용화하지 않고 묻어뒀다. 코닥은 본업을 필름 만드는 것으로 생각했고, 디지털카메라가 그 본업을 무너뜨릴 위험이 있다고 생각했기 때문이다.

19세기 중반에 생긴 미국의 철도회사 앰트랙Amtrak은 스스로의 미션을 '철도라는 운송수단의 제공'이라고 정해놓았다. 그리고 비행기 여행이 일반화되기 시작한 1960년대부터 몰락의 길을 걷기 시작한다. 앰트랙이 '빠르고 편안한 운송수단의 제공'을 미션으로 삼았으면 그들의 미래가 어떻게 바뀌었을까?

코끼리를 어릴 적부터 쇠사슬에 묶어놓았다. 처음에는 거기서 벗어나보려고 발버둥친다. 그러나 힘에 부쳐 성공하지 못한다. 그런 코끼리가 어른이 되어 쇠사슬을 끊을 만한 힘이 충분히 생겼다. 그러나 과거의 기억 때문에 아예 시도조차 않는다. 세 이야기의 공통점은 무엇일까? 스스로를 한정했다는 것이다.

2G폰 관련 소프트웨어로 고속성장한 회사가 있다. 별다른 노력을 하지 않아도 거기서 나오는 돈으로 태평성대를 누렸다. 근데 2G폰 수가 줄면서 문제가 생겼다. 다들 위기의식을 느끼고 있다. 이런 위기는 비단 이 회사만의 문제가 아니다. 모든 조직은 이와 비슷한 문제를 갖고 있다. 성장은 선택의 문제가 아니라 생존이 달린 문제다. 성장하기 위해서는 계속해서 도전challenge해야 한다. 도전의 정의는 기회chance를 잡는 것이다.

위대한 인물,
드러커의 어린 시절

드러커를 보면 부모의 DNA가 중요하단 사실을 알 수 있다. 그는 부유한 집안에서 출생했다. 단순히 돈이 많은 것을 넘어서 우수한 부모의 아들로 태어났다. 피터 페르디난드 드러커는 1909년 11월 19일 오스트리아 수도 빈에서 출생했다. 그의 부친 아돌프는 오스트리아의 재무성 장관을 지냈고, 제2차 세계대전 후 미국으로 이주한 뒤 노스캐롤라이나대학 교수로 근무했다. 그의 모친 캐롤라인은 오스트리아에서 최초로 의학을 공부한 여성이다. 프로이트의 제자였다. 10세가 되던 1919년, 1차 세계대전이 끝난 다음 해, 드러커는 빈 김나지움Vienna Gymnasium에 입학한다.

어린 시절부터 자연스럽게 고전 및 예술을 포함한 전인적 교육을 받을 수 있었다. 부친의 친구였던 조지프 슘페터, 폰 미제스 등은 어릴 때부터 접했고, 15세 무렵 부모를 따라 살롱에 나가 노벨문학상 수상자 토마스 만을 만난 적도 있다.

좋은 머리에 좋은 환경이 드러커라는 대가를 낳았다. 그는 예리한 관찰력으로 모든 경험과 지혜를 자기 것으로 만들었다. 드러커는 자신의 삶을 방관자와 분석자의 삶이라고 얘기한다. 어린 시절을 이렇게 회고한다. "14세가 되던 해, 나는 내 앞에 가로놓인 진흙탕을 피하고 싶었으나 뒤에서 계속 밀려오는 시위대 때문에 그냥 지날 수밖에 없었다. 온몸으로 진로를 바꾸려 했으나 헛수고였다. 원하지 않는 길이지만 커다란 힘에 밀려가는 것을 느꼈다. 큰 고통이었다. 앞으로 남들과는 다른 견해를 갖는 것이 숙명이 될지도 모른다." 10대 후반 드러커는 지루하기 짝이 없는 김나지움 수업에 회의를 느낀다. 퇴락하는 나라 오스트리아를 떠나고 싶어 한다.

그래서 함부르크에 무역회사 견습생으로 들어간다. 18세 때의 일이다. 무역회사에 다니면서 경영자는 단순히 분석만 해서는 안 되고 현장이 중요하단 사실을 깨닫는다. 이후 그는 늘 현장의 중요성을 강조한다. 직접 나가 관찰하고, 질문하고, 대책을 세워야 한다고 생각한다. 무역회사 생활은 시간이 남아돌았다. 그 시간 활용을 위해 함부르크대학 법대에 진학한다. 강의는 별로 듣지 않았다. 그래도 졸업을 하는 분위기였다. 지루한 시절이었지만 그는 충실한 시간을 보낸다. 15개월 동안 독일어와 영어, 프랑스어로 된 책을 원 없이 읽었다. 토마스 만, 괴테, 찰스 디킨스, 제인 오스틴 등의 소설을 읽는다. 인문학의 뿌리를 단단히 한 셈이다.

그 시기 오페라도 열심히 보러 다녔다. 그러다 19세기 이탈리아의 위대한 작곡가 주세페 베르디의 오페라를 구경하게 된다. 베르디가 80세 되는 해인 1893년에 작곡한 최후의 오페라 〈팔스타프Falstaff〉였다. 팔스타프는 즐겁고도 인생에 대한 열정으로 가득 찬, 활기 넘치는 오페라였다. 근데 그 작품이 놀랍게도 나이 80세의 노인이 작곡한 것이란 사실을 알고 충격을 받는다. 평생 완벽을 추구한 덕분이란 사실이 평생 드러커를 지배한다.

보통 위대한 인물이 나려면 3대가 축적을 해야 한다는

말이 있다. 찰스 다윈 같은 사람을 봐도 그렇다. 그가 진화론을 주장한 것은 사실 아버지 때부터의 공부가 쌓인 결과다. 돈도 필요하고 지적인 축적도 필요하다. 드러커도 그렇다. 그가 경영학의 아버지가 된 것은 부모의 영향이 크다. 경제학과 의학을 공부한 부모를 보고, 또 부모 주변 사람들을 보면서 자연스럽게 어린 드러커는 큰 자극을 받았을 것이다. 자신은 아무것도 하지 않으면서 그냥 자식을 쥐어짜면서 통제하고 관리한다고 위대한 인물이 되는 것은 아니다.

'경영학 창시자'가 되다

케인스가 경제학을 발명했다면 드러커는 경영학을 발명했다. 그는 20세기 최고의 교육자, 철학자, 컨설턴트로 손꼽힌다. 평생 30여 권의 책을 썼고 수많은 논문과 칼럼을 썼다. 경영학 용어와 원칙을 창조했다. 많은 경영자들이 그의 영향을 받았다. 잭 웰치가 "1등, 2등을 제외한 모든 사업은 접는다"고 한 것도 드러커의 조언 때문이다.

마이크로소프트의 빌 게이츠, 인텔의 앤디 그로브도 그의 영향을 많이 받았다. 리엔지니어링의 창시자 마이클 해머는 이렇게 말했다. "그는 아리스토텔레스, 뉴턴에 필적하는 인물이다. 현재 유행하는 경영학 연구와 개념의 뿌리는 드러커다."

1940년대, 그는 분권화decentralization를 주장했다. 지금 기업은 그런 방식으로 움직인다. 50년대, 직원은 부채가 아닌 자산이라고 얘기했다. 인적 자산의 개념을 처음 만들었다. 고객이 없으면 사업도 없다고 했다. 마케팅의 탄생 배경이다. 60년대, 경영은 리더가 아닌 경영원칙에 의해 이루어져야 한다고 주장했다. 미션, 비전에 따른 경영이다. 70년대, 지식경영에 대해 얘기했다. 그의 이력을 보자.

1927년 함부르크대학에서 법학을 공부했다. 1929년 프랑크푸르트 신문사에서 경제 담당 기자를 했다. 1932년 나치를 비난하는 팸플릿을 제작했다 전량이 소각당한다. 1937년 도리스 슈미츠 여사와 결혼한다. 미국으로 이주해 영국 신문사의 미국 통신원으로 생활한다.

1939년 첫 번째 책《경제인의 종말The end of Economic man : The origin of Totalitarinism》을 출간하고 1940년《기업의 개념》을 출간했다. 1950년 뉴욕대 교수로 재직했고 1954년《경영의 실천The practice of management》을 출간했다. 1971년에는 캘리포니아 클레어몬트대학으로 옮겼다.

그를 보면 칭화대학이 내건 철학이 생각난다. '문리삼투,

중서융합, 고금소통文理滲透· 中西融合· 古今疏通'이 그것이다. 문과적인 것과 이과적인 것이 서로 왔다 갔다 하고, 중국과 서양이 융합해야 하며, 옛날과 지금이 서로 통해야 한다는 것이다. 그는 법학을 전공했지만 오후 시간에는 늘 도서관에서 다양한 분야의 독서를 했다. 엄청난 수의 문학작품을 섭렵했다. 그는 법학을 공부했지만 밑바닥에는 인문학을 깔고 있다. 증권회사의 애널리스트를 했고 경제신문 기자로 일하다 은행에서 일했지만 정치에도 관심이 많아 나치를 비난하는 팸플릿을 제작하기도 했다.

영국신문사의 미국통신원으로 일한다는 건 영국이란 나라와 미국이란 나라를 모두 이해해야 가능한 일이다. 또 신문기자는 촉이 발달해야 하는 직업이기 때문에 그때부터 사회 트렌드를 읽어내는 힘이 길러졌을 것이다. 나이 서른에 《경제인의 종말》이란 책을, 서른한 살에 《기업의 개념》이란 책을 냈다. 그때부터 스스로 공부하고 공부한 것을 책으로 묶어내는 공부법을 실천했다. 고수는 하루아침에 탄생하지 않는다.

가정에서도 성공한
인간 드러커

　드러커는 겸손하고 소박한 사람이다. 경영학의 창시자, 구루 등 수많은 호칭으로 불렸지만 이렇게 얘기했다. "나는 구경꾼이며 몇몇 훌륭한 사람들이 좀 더 효과적으로 일할 수 있게끔 도왔을 뿐이다." 자기 이름을 드러내기보다는 조직에 도움이 되는 데 관심이 많았다. 자신의 이름을 따서 만든 '드러커 경영대학원'에 2천만 달러를 기부한 사람이 생기자 그의 이름을 학교 이름에 새로 넣고 싶어 했다. 하지만 학생들이 반대했다. 그러자 그는 앞으로 이 대학원이 기부금 유치에 어려움을 겪을 것으로 예상하면서 이렇게 말했다.

"내가 죽은 후 3년이면 내 이름은 학교 발전에 전혀 도움이 안 될 것이다. 교명에서 아예 내 이름을 빼는 조건으로 1천만 달러를 얻을 수 있다면 그렇게 해도 좋다." 그리고 학교 이름을 '피터 드러커 앤 마사토시 이토 경영대학원'으로 바꾸었다. 그 자신이 우상이 되어서는 안 된다고 주장했다. 그래서 1990년 헤셀바인이 주축이 되어 만든 드러커 비영리재단의 이름 또한 2002년 리더투리더협회로 바꾸었다. 보통 사람은 하기 힘든 일이다. 그는 자신의 생각과 이론과 주장도 결국 혁신의 대상이 되어야 한다고 생각했다. 그는 자신이 말한 대로 살다 간 분이다.

그리고 그는 성공적인 결혼생활을 했다. 특히, 부인 도리스 여사는 드러커에게 중요한 사람이다. 그는 늘 중요한 결정은 부인이 한다고 얘기했다. 구십이 넘은 드러커에게 가정에서 어떤 목표를 갖고 있느냐고 질문하자 "이혼을 당하지 않는 것이 목표"라고 웃으면서 답했다. 결혼에 대한 그의 철학이다. "우리는 상대 직업을 매우 존경하고 있는데 그것이 행복한 결혼을 지속하는 데 크게 기여했습니다."

성격 차이와 결혼에서의 행복과의 연관관계를 묻는 질문에는 이렇게 답변했다. "성격 차이가 불행의 씨앗은 아닙니다. 보통 행복한 결혼을 위해서는 성격과 기질이 잘 맞아야 한다고 생각하지만 그렇지 않습니다. 실제 제가 알고 있는 행복한 부부 대부분은 아주 다른 성격과 기질을 가졌습니다. 물론, 우리 부부도 그렇습니다. 도리스와 저는 성격이나 기질이 많이 다릅니다. 저는 늘 말을 하고 도리스는 잘 듣는 편입니다. 저는 가르치는 것을 좋아하고 도리스는 싫어합니다. 도리스는 친구를 잘 만들고 줄곧 친구로 지내는 천부적 재능이 있지만 저는 안 그렇습니다."

유명한 사람 중에는 이상한 사람이 제법 있다. 학문적으로는 대단할지 몰라도 인간적인 면이 떨어져 비호감인 경우도 많다. 자기 잘난 맛에 다른 사람은 눈에 들어오지 않는 경우도 많다. 조금만 자기를 소홀히 하면 난리를 치는 사람들도 많이 봤다. 그가 위대한 것은 그런 엄청난 성과에도 불구하고 시종 자신을 낮출 수 있다는 데 있다. 결코 쉽지 않은 일이다.

그는 생긴 대로 살다 간 사람이다. 자신이 어떤 사람인지를 너무 잘 알고 있다. 그래서 하버드의 초청을 거절하고 작은 대학을 고집했고, 맥킨지에서 일할 것을 부탁했지만 그 또한 거절했다. 자신은 다른 사람과 일하는 것보다 혼자 일할 때 성과를 내는 사람이란 것을 잘 알기 때문이다. 큰 조직보다는 작은 조직에서 일하는 것이 자신과 맞는다는 것을 잘 알고 있기 때문이다.

　무엇보다 가정에서의 성공이 그를 더욱 빛나게 한다. 보통 일을 많이 한 사람은 일에 치여 가정을 소홀히 하는데 그를 보면 가정을 희생해야 일을 잘하는 것은 아니다. 아니, 그는 어쩌면 아내 말을 잘 들었기 때문에 이렇게 성공한 것은 아닐까 하는 생각도 해본다.

피터 드러커 노트

1판 1쇄 발행 2014년 5월 26일
1판 2쇄 발행 2014년 7월 25일

지은이 한근태
펴낸이 김영곤 **펴낸곳** (주)북이십일 21세기북스
부사장 임병주 **이사** 이유남
출판사업본부장 주명석 **국내기획팀** 한성근 남연정 이경희 **디자인** 전지선
영업본부장 안형태 **영업** 권장규 정병철
출판마케팅 민안기 최혜령 강서영 이영인
출판등록 2000년 5월 6일 제10-1965호
주소 (우413-120) 경기도 파주시 회동길 201(문발동)
대표전화 031-955-2100 **팩스** 031-955-2151 **이메일** book21@book21.co.kr
홈페이지 www.book21.com **트위터** @21cbook **블로그** b.book21.com

ⓒ 한근태, 2014

ISBN 978-89-509-5570-0 (03320)
책값은 뒤표지에 있습니다.

이 책 내용의 일부 또는 전부를 재사용하려면 반드시 (주)북이십일의 동의를 얻어야 합니다.
잘못 만들어진 책은 구입하신 서점에서 교환해 드립니다.